「大人の日本語」養成講座

野内良三 著

大修館書店

まえがき

「国際化《グローバリゼーション》」と「情報化」の荒波はアジアのはずれの列島にも澎湃《ほうはい》と押し寄せている。「世界標準」という物差しも問題になっている。そうして世はあげて英語の効用＝公用を説くことしきりである。しかしこういうご時勢だからこそ、われわれ日本人は日本語としっかり向き合わなければならないのではないか。

英語を話せなければ世界に後れをとってしまう。欧米人のように論理的に話せなければ世界に伍していけない。だが、ちょっと待った。日本語で出来ないことを英語で出来るわけがない。外国語運用力と論理思考能力を決めるのは基底言語（第一言語）である。世間では二カ国語（以上）を自由にあやつるバイリンガル（マルチリンガル）にあこがれるようであるが、基底言語が不十分な、中途半端なバイリンガル（?）はそれこそ悲惨である。基底言語がしっかりしていないと人間の知的能力が阻害される。心理的にも不安定になる。日本人にとって基底言語は日本語である。まずは日本語をきっちりとわがものとすることである。第二言語はそのあとでゆっくり取り組めばよい。すべては日本語にかかっている。

ところで、あなたは自分の日本語に自信がありますか。

この質問に対してあなたならどう答えるか。「もちろん」と胸を張って答えられる人は少ないのではないか。

この質問では漠然としていて答えにくいということであれば、もっと具体的な質問に変えてみよう。

あなたは目上の人とちゃんと会話ができますか。
あなたは自分の考えをきちんと表現できますか。
あなたは自分の意見をしっかりと主張できますか。

この三つの質問に「はい」と答えられる人は「大人の」日本語をマスターしている人だといえるだろう。一見、この三つの質問は関係がないように思われるかもしれないが、実は根底においてつながっている。この三つの質問は日本語の本質にかかわっているのだ。その詳細は本文に譲るが、日本語の本質は次の三点に要約できる。

（1）コンテクスト（発話場面）に依存する

（2）述語一本立てである

（3）主観的である

この三つの特徴のせいで日本語は自分が見たこと、感じたこと、思ったことを表現するにはとても「向いている」。しかしその反面、自分の考えを客観的に表現するには、どちらかというと「向いていない」。ただ、ここで注意していただきたいのは、「向いている／向いていない」はあくまでも程度問題であるということだ。「向いていない」けれども、ちょっとした気配り（工夫）でマイナスをプラスに変えることは出来ない相談ではない。「大人の」日本語とは、その「ちょっとした」気配りのある日本語にほかならない。

では、その「ちょっとした気配り」とは具体的にはどういうことなのか。そんなに大層なことではない。日本語に対するスタンスを「ちょっと」変えること、外の視点から日本語を見ることだ。「外国語を知らないものは、自分の国語についてもなにも知らない」とはゲーテの有名な言葉だが、けだし至言である。当たり前のように惰性的につきあってきた日本語との関係をいったん断ち切ること。日本語の中だけに閉じこもっていると見えないことがある。内にいると見えないけれども、外へ出て捉え返すと見えてくるものがある。たとえば英語を合わせ鏡にして日本語の基本を見ることである。

「大人の」日本語のポイントは次の三つにまとめられる。

（1）敬語を使いこなせること（話し方）
（2）読みやすい、分かりやすい文を書けること（書き方）
（3）説得力のある論を展開できること（説き方）

本書はこの三つのポイントに絞って、日本語表現法を具体的に、実践的に掘り下げる。そのさい重視したのが「かた」である。話し言葉にせよ、書き言葉にせよ、日本語表現というと、とかく「個性」とか「オリジナリティー」を問題にしがちだが、われわれの考えではそれはずっと先に行っての課題だ。まずは「かた」からはいることが大切である。たとえば、すっきりした敬語を話すにはどうすればいいのか。汎用性の高い慣用句を押さえればいい。「悪文」を前にしたらどうすればいいのか。しかるべき仕立直し方がある。説得的な論を組み立てるにはどうしたらいいか。決まった手順（定石）がある。敬語のパターン。シンプルな文。論法。本書が目ざすのは、レトリックでいうところの「トポス」、広義の「定型表現」の見直しだ。「かた」をきちんと押さえれば、「内容」はおのずから付いてくるものである。

まずは日本語をしっかりと固める。「大人の」日本語は国際化＝情報化時代を生き抜くための強力な武器である。

＊　＊　＊

本書が成るにあたっては、大修館書店の金子貴氏に大変お世話になった。本当にありがとうございます。

二〇一四年五月吉日

著者識

「大人の日本語」養成講座

第一章

日本語とはどういう言語か

❖ I ❖ 日本語の本質

日本語は特殊な言語か

日本語できちんと話し、書き、論じるためには、言い換えれば日本語で自分の考えを分かりやすく正確に表現するには、どうすればいいのか、どういうことに注意しなければならないのか。そのためには、まず日本語の特質をきちんと押さえておく必要がある。

多くの日本人は、日本語が特殊な言語であると思い込んでいる。教養のある人でもそうだ。むしろ横文字に強い教養人がその弊に陥りやすいと言えるかもしれない。彼らの文化的参照先が欧米に求められることが多いからだろう。

広く世界を見わたせば（文字表記を別にすれば）、日本語は文法的にそれほど特殊な言語ではない。われわれによく知られたヨーロッパの主要言語、英語、ドイツ語、フランス語、スペイン語、イタリア語などのほうがむしろ特殊な言語である。

ではなぜ日本人は、日本語を特殊な言語と思い込み、言語的なコンプレックスさえ抱くようになったのか。これには近代日本が背負い込んだ文化的背景がある。この問題については角田太作が言語類型論的検証（世界各地の一三〇言語）を踏まえて次のように要約している。

明治維新の後、日本人は西洋の国々から学問、技術、法律制度、その他を学び、その時、それらの国々の言語も学んだ。英語、独語、仏語等の西洋の言語は、全て、印欧語族と呼ぶ語族に属している。これらの言語は非常によく似ている。例えば、語順の面でもよく似ている。一般疑問文（yes / no で答える疑問文）を作る際に倒置を用いる。又、これらの言語では主語が強く、仮主語もある。当時の日本人は、これらの言語と日本語を比べた時に、これら、先進国の言語は互いによく似ているのに、後進国の日本語だけ違うので、日本語は特殊な言語であると思ったのであろう。（当時の人達は、一般疑問文での倒置や、主語が強いことが、珍しい現象であることは、知らなかったのであろう。）（『世界の言語と日本語――言語類型論から見た日本語（改訂版）』くろしお出版）

ある意味ではヨーロッパ語（英語・フランス語）は日本語と対蹠的な言語だ。私は日本語の特質を解明するために、あえてヨーロッパ語の文法を合わせ鏡として使う。そのほうが日本語の本質が映し出されると思うからだ。

日本語のコンテクスト依存性

それでは、ヨーロッパ語と比べたときにはっきりする日本語の特質とは、いったいなんだろうか。

話を分かりやすくするために、あらかじめ結論を示しておけば次の三点である。

(1) コンテクスト（発話場面）に依存する
(2) 述語一本立てである
(3) 主観的である

それでは、順を追って見ていくことにしよう。

たとえば二人の大学生がキャンパスで会話している場面を考える。

A「進学する」
B「えっ、おまえが？」
A「いや、佐藤が」
B「へー佐藤がね。知らなかったよ」

日本語は、述語（この場合は「（大学院に）進学する」）がありさえすれば立派に成立する（後述）。Aはコンテクストから「だれが」を言う必要はないと判断したのだ。だが、予想に反してその判断は間違いだった。だから「だれが」が問題になった。「おまえが進学するのか？」とBが問い質していない点に注意。必要なことしか口にしていない。それを受けるかたちでAもまた余計なことはいっさい言わない。必要な情報である「佐藤が」を追加するだけだ。

このように日本語の会話（話し言葉）はコンテクストに寄りかかりながら「必要なこと」しか口にしない。コンテクストから「推し量られること」はあえて言葉にしない、これが日本語の発想（論理）である。この日本語の「相手の知らないことだけ言えばいいという習慣」を大野晋は「一つの知恵である」と評価する（『日本語について』岩波書店）。

日本語は述語一本立て

日本語は必要なことしか話題にしない。このことから分かることとは、日本語はヨーロッパ語に比べて文の構造（構文）がゆるやか（ルーズ）であるらしいということだ。ヨーロッパ語なら主語があり、動詞があり、動詞によっては目的語や目的補語も必要である（英語の基本五文型を想い起こすこと）。それに対して、日本語は述語がありさえすれば、とにかく文は成立する。ヨーロッパ語が「主語―述語」二本立て（ペア）であるのに対して、日本語は「述語」一本立て（ソロ）ということになる。述語が基盤である。

日本語では基盤の「述語」以外の文の要素（文節）は、すべて広義に解した「補語」（修飾語）と考えてさしつかえない。補語であるから必要なら追加するが、そうでなければ落とすことは自由である。たとえば次のような文を考えてみよう。

二十代の終わりに／文化人類学を研究するために／フランスの大学に／三年間／彼は／留学した。

ここで絶対にはずせないのは「留学した」（述語）である。はずしたら日本語ではなくなってしまう。述語以外はコンテクストしだいで抜き差しが可能だ。「だれが」が問題なら「彼は留学した」と言えばいい。「いつ」が問題なら「二十代の終わりに留学した」と言えばいい。「どこ」が問題なら「フランスの大学に留学した」と言えばいい。「目的」が問題なら「文化人類学を研究するために留学した」と言えばいい。「期間」が問題なら「三年間留学した」と言えばいい。「目的」と「期間」が問題なら「文化人類学を研究するために三年間留学した」、「だれが」「いつ」「どこ」が問題なら「彼は二十代の終わりにフランスの大学に留学した」などなど。場面に応じて必要な情報を補充・追加すればいい――これが日本語のスタンスである。重ねて言う。日本語はコンテクストから分かることはいちいち言葉にする必要がない。

日本語の主語は単なる補語である

ヨーロッパ語と日本語の一番大きな違いは、主語の位置づけにある。ヨーロッパ語は主語が絶対に不可欠であるが、日本語は必ずしもそうではない。なくても一向にこまらない。だから日本語の「主語」は実は主語ではないのだ。それは「補語」にしかすぎない。たとえば英語の主語は動詞（be 動詞、あるいはその他の動詞）とペアの概念で、文を成立させるには不可欠の要素である。なくてもよい文の要素である日本語の「主語」は「主格補語」と呼ぶのが筋だろう。目的補語や状況補語と同じ資格の単なる補語（追加情報）である。

こうした日本語の述語一本立てという性格はいろいろな文法問題を引き起こす。

だとすれば、ここで発想の切り替えがどうしても必要になってくる。よく主語の「省略」という問題の立て方をする。これまでの議論の道筋を踏まえると、これは逆立ちした発想である。正しくは「別になくてもいいのだが、必要になったので（たとえば強調）主語（主格）を補う（追加する）」と考えるべきだ。言い換えれば動作主補語である。要するに、述語以外の文の要素は、基盤である述語にかかる修飾語にほかならない。

ヨーロッパ語は主語が不可欠だから、何度でも繰り返す。そのわずらわしさを避けるために人称代名詞がどうしても必要になる。しかし「補語」にしかすぎない日本語の場合は、おのずと事情が違ってくる。人称代名詞はそれほど必要がない。いや、もっと正確にいうと日本語にはそもそもヨーロッパ語のような人称代名詞は存在しないのだ。ヨーロッパ語にならって「人称代名詞」と呼んでいるけれども、実際は単なる名詞にしかすぎない。

なぜだろうか。

人称代名詞はいわば「機能語」である。「機能語」は無色透明だ。たとえば英語の「アイ」は「アイ」

と口にしている人物が「話し手」であることしか示さない。その人物が男か女か、若いかそうでないか、社会的身分はどうかなどは伝えない。「アイ」には付加的な情報（含意）はいっさい含まれない。

それにひきかえ、日本語の人称代名詞はその数が多い。しかも独特の含意を伴っている。たとえば英語の「アイ」は日本語では「わたし」「わたくし」「あたし」「あたい」「ぼく」「おれ」「自分」「パパ」「ママ」「お父さん」「お母さん」「おじさん」「おばさん」などさまざまなかたちで表現できる。おまけに、それぞれが「話し手」に異なる情報（含意）を付加している。意味に違いがあるということは日本語の「人称代名詞」が実質的であるということで、「名詞」であることの証拠だ。

日本語には「人称代名詞」は存在しない。このことは日本語における主語の影の薄さを傍証している。日本語の主語は単なる補語だ。ヨーロッパ語の主語は言ってみれば機関車だ。述語は主語に引っ張られる。それに対して、日本語では述語は基盤（土台）である。述語以外の補語（主語や目的語）を受けとめて下から支える。したがって、日本語の基本文型は述語になにが来るかによって分けることができる。

⑴ 名詞文（形容動詞も含める）：バラだ。きれいだった。
⑵ 形容詞文：美しい。白くない。
⑶ 動詞文：走る。見た。

たとえば英語のbeautifulは「単語」でしかないが、日本語の「美しい」は一語でれっきとした「文」だ。「美しい。」は「美しくない。」「美しかった。」「美しいだろう。」などと同じ資格の立派な「文」である。つまり、日本語はかなりシンプルな言語ということだ。もっともらしい言い方をすれば、日本語は統語（構文）的に「柔らかな」構造である。たとえば基本文型を使った次の文章を見ていただきたい。

さわやかな秋の夜である。満天に星がきらめいている。美しい。

三つの基本文型から成るこの文章は、日本語の本質をみごとに浮き彫りにしている。事実の記述がある。主観の表出がある。そして、それだけである。

日本語は主観的言語である

日本語は基本的には事実の記述（満天に星がきらめいている）か、主観的判断（さわやかな／美しい）しかできない。

(1) あなたは悲しい。(You are sad.)
(2) 彼は悲しい。(He is sad.)

⑴と⑵は英語なら通用するが――⑴はボーダーラインにあり、判定は微妙だが――、日本では不自然だ。自然な日本語なら次のようになるはずだ。

⑴＊ あなたは悲しそうだ／悲しそうに見える。

⑵＊ 彼は悲しそうだ／悲しそうに見える。

つまり、日本語は客観的な表現を目ざすよりは、「私」の視点から主観的に表現することに傾く。「主観的」という本質のせいで日本語は抽象的＝観念的内容を表現するのには不向きだった、文を論理的に組み立てるのが苦手だった（この課題に、本書Ⅲ章とⅣ章が答える）。日本語のお家芸は、具体的＝感覚的な描写や個人的な感情の表出だ。そこでは「私」という視点が決定的な役割を果たすことになる。

日本語の視点は「私」が基本だ。日本語は黙っていれば「私」が見たこと、感じたこと、思ったことを語っていることになる。だから、普通はいちいち「私」と断わらない。「対比」を特に問題にしないかぎり、「私」は文に出てこない。いや、出てきてはいけないのだ。それが日本語の論理である。たとえば次の文を見てほしい。

沖の暗いに（沖が暗いのに）白帆が見える。あれは紀の国、みかんぶね（蜜柑取歌）

これは「現象文」（後出）である。目の前の出来事をそのまま語っている。「私」の出る幕はない。これが日本語の常態である。ところが「私は白帆が見える」と「私」を立てると「対比」の強調表現になる。たとえば「あなたは見えないかもしれないが、私は見えますよ」というように。つまり、日本語は自分の印象・思いを聞き手（読み手）にそのまま丸投げする。受け取る側は発信者の立場に自分の身を置いて、追体験する（見る／感じる／思う）ことになる。

ここまでの議論で日本語の三つの特色を検証してきた。

(1) コンテクスト（発話場面）に依存する
(2) 述語一本立てである
(3) 主観的である

われわれが日本語で話すとき、書くとき、論じるとき、この三つの特色にしっかりと向き合わないと、事がうまく運ばない。これらの特色はあるいは良くも、あるいは悪くも働く。話し方（敬語）、書き方（作文）、説き方（説得）との関連でいえば、いま列挙した順に悪く働く。その実際についてはいずれ検討するが、ここであらかじめ断っておきたいことがある。日本語は論理的でないとか、文法的でないとか非難する人たちがいるけれども、決してそんなことはない。日本語は注意して使いこなせば、分かりやすくて説得力のある文章を話したり、書いたりすることができる。

まずわれわれは話の順序として「話し方」を俎上に載せたいと思うが、類書のように挨拶、自己紹介、面接、ビジネス、会議、電話、プレゼンテーションなどと大風呂敷を広げるつもりはない。日本語表現法関係の本はどういうわけか、あれもこれもと欲張り過ぎる。その結果は表面をなぞるだけで終わってしまうことになる。

教室で見ていると、敬語をマスターするにつれて、学生の日本語の表現力が高まるように思われる。むしろ話は逆なのだろうか。敬語を使いこなそうとしたとき、学生は日本語の表現力の奥深さを痛感させられるのではないだろうか。

敬語をしっかりと話せれば、どんな「話し方」にも対応できる。そういうわけで本書では、日本語表現の第一ステップとして敬語に的を絞り込んで「話し方」の問題を考えることにする。「話し方」のコツは敬語の正確な運用のなかに見いだすことができる。思うに、敬語は日本語の本質と深く関わっているからである。

❖Ⅱ❖ 日本語と敬語

敬語は慣用句である

敬語に対する人びとの印象は大きく括れば、二つにまとめられるだろう。一つ、敬語は煩瑣でややこしい、面倒くさい。一つ、敬語をうまく使いこなせない、敬語には自信がなく不安である。これまで私も、必要に駆られて敬語指南本や専門書をかなり読み込んだが、上記の二つの印象の根強さを追認することになった。

おそらく、上記の二つの印象は敬語の歴史のある時期から抱かれ続けてきたのではないか。しかしながらよく考えてみると、この印象は奇妙な結果のように思われる。なぜなら、そこから出てくる結論はそんな「うざったい」敬語なんかさっさと止めてしまえということになるはずだからだ。だが、そういうことにはならなかった。人びとは不平・不満を抱きながらも、それでもやはり敬語を使い続けてきた。

ただ、私の現代敬語に対する立ち位置は一般のそれとは少々違っている。私の考えはこうである。敬語の原理そのものは単純で、人びとはそこそこ使いこなしているのではないか。敬語に対する正確な認識が欠けているで、無用な引け目を感じているのではないか。敬語の正体をしっかりと見とどければ、不安や心配は払拭されるのではないか。これが、私の考えである。

私の敬語についての結論をずばり言ってしまえば、「敬語は慣用句である」ということに尽きる。「慣用句」は「語彙」と言い換えることもできる。辻村敏樹は「日本語の敬語は最も根本的には語彙的事実と言うことができる。なぜなら、敬語は敬語でない語との対応において成立し、意味的共通性を持った体系をなしているからである。」（辻村敏樹「日本語の敬語の構造と特色」『敬語』岩波講座日本語4、岩波書店）。「人」「話題」「場面」――この三つの要件を満たす語彙（慣用句）を使いこなす、これが敬語である。ややこしい議論を脇に置けば、敬語とは語彙の選択の問題である。しかるべき状況において「お見えになる」「お目にかかる」「ご覧になる」「拝見する」などの言い回しをきちんと使い分けられるかどうかだ。

いや、そもそもその使い分けが大変なのだ、という反論があるかもしれない。しかしながら、この反論は的を射ていない。私の見るところ、敬語の原理は単純なだけでなく、その語彙自体もそんなに多くはない。いや、むしろ予想以上に少ない。だから少し頑張れば、記憶すること自体はさして難しくないはずだ。敬語をマスターするとは、限られた数の慣用句を使いこなすことである。重ねて言う。敬語は慣用句である。

のっけから身も蓋もないような考え方をずばり披露した。敬語は慣用句であるというのは、あくまでも敬語の現場での実際の使われ方（機能）に焦点を当てた定義だ。敬語の本質という問題になれば、おのずと別のスタンスを取らざるをえなくなる。

それでは、敬語とは果たして何だろうか。これは、なかなかむずかしい問題だ。この問題に答えるには敬語の歴史を繙かなければならない。しかしながら本書が問題にしているのは、あくまでも現代敬語なので、その歴史をつまびらかに詮索する必要はない。最小限の言及で十分だろう。

敬語は日本語だけのものか

ここまで敬語という現象をあたかも当然のことのように話題にしてきた。けれども実をいえば、この現象は必ずしも普遍的なもの（世界標準）とは言えないのだ。日本語の敬語は世界でも珍しいもので、もっとも似ているものとしては朝鮮語、次いでジャワの諸言語しか見当たらないという。驚くなかれ、われわれに一番なじみ深い外国語である英語には敬語がない。もちろん、敬意を表す手立ては持っていないわけではないが。「敬語は日本語だけのものではない」が、日本語の敬語はその体系性という点では世界に冠たるものといって差し支えない（J・V・ネウストプニー「世界の言語」『敬語講座』第八巻、明治書院）。

日本語の敬語の起源は遠い昔にさかのぼる。古代、『万葉集』の時代にはすでに敬語は存在していた。「大君は神にしませば」（天皇や皇族は神様でいらっしゃいますから）という表現を持った歌が幾篇かあることからも分かるように、ある種の人びとが畏れ敬われていたことが知られている。敬語の淵源は畏敬の念にあった。そして次第に、身分の高い人の所作に対しては尊敬語を使い、自分のそれについては謙譲語を使うという習慣が確立した。さらにまた、事物の状態に対しては丁寧語が使われるようになった。尊敬語↓謙譲語↓丁寧語——この敬語の発展の流れは注意してよいだろう。

敬語は人間関係への心くばり

敬語についてはいろいろな意見や考え方がある。

進歩派や合理主義を奉ずる人びとは、封建的身分制社会の悪しき遺物であり、人はみな平等であるという民主主義の現代社会にはそぐわないから、ただちに廃止すべきであると主張する。なるほどこの考え方には一理ある。第二次大戦後、日本の社会は身分制度がなくなり、建前上は平等な社会である。そのことは憲法も保障している。だから人間を「上位者」と「下位者」に「差別する」敬語は民主主義にいちじるしく反している。廃止すべきである。これは理屈である。

しかしながら、現実の社会はそんなに単純なものではない。「職業に貴賤なし」というが、世のなかにはやはりなんとなく職業に対する価値評価（偏見）がある。大企業の社長、高級官僚、政治家、裁判官、医者、弁護士、大学教授などは偉いと考えられている。そのことは春と秋に行われる叙勲者名簿を見れば一目瞭然だ。そこにずらりと並んでいるのは、いま挙げた職種の「お偉い方々」ばかりである。この世の中は平等だとか合理的だとか、そんな建前だけで割り切れるほど単純・明快ではない。そこには、さまざまな人間の思惑が錯綜し、絡み合っている。上下・長幼・尊卑・利害・恩義・愛憎・優劣・親疎など、どろどろした人間模様が渦巻いている。

ところで、一筋縄ではいかない人間関係を調整・案配して円滑にするのが敬語ではないだろうか。敬語は社交の大切なツールであり、教養のバロメーターでもある。むろん、度を越した敬語は避けるべきだが、適正な敬語は人間関係をスムーズにする潤滑油だ。敬語はたしかに「敬して遠ざける」防衛的な機能もあるが、「敬して近づける」積極的な働きもある。この相反する二つの機能が敬語に備わっていることは、きちんと押さえておかなければならないだろう。

たとえば、われわれは見ず知らずの人（ヨソの人）に対して敬語を使う。なぜだろうか。ぞんざいな待遇は相手を悪く刺激するからだ。高圧的な態度は相手の反発をあおるだけだろう。ただし、それだけでもなさそうだ。

ヨーロッパ語と違って、日本語は二人称（対称）がはなはだ使い勝手が悪い。見知り越しの人間に対してすら、なかなか「あなた」とか「きみ」とか、口にできない。鈴木孝夫も指摘しているように日本人は会話のなかで人称代名詞を使わないで済まそうとする傾向が顕著だ（『ことばと社会』岩波書店）。見ず知らずの他人に対してはなおさらだ。たとえば、ふと出会った行きずりの人に対してなんと呼びかけたらいいのだろうか。普通の場合なら使える姓名や職名、親族名はもちろん使えない。「お宅」なんかも使えそうにない。ここで登場するのが敬語である。

どちらへいらっしゃるのですか。

主語を落としても誰が問題になっているかは、敬語が指示してくれる。敬語の功徳である。「敬して遠ざける」ことが疎遠な仲をうまく調整してくれる。敬語があるからこそ、赤の他人との接触が可能になる。

その一方で敬語には「敬して近づける」という機能もある。こちらのほうが特段に大切な機能だろう。

たとえば次の例文を考えてみよう。

花がきれいに咲いています。

これだけ見せられても、ここでの敬語（丁寧語）の働きは説明できない。小学校の先生と生徒のあいだで交わされた文だとしよう。しかしそうであったとしても、この文を口にしたのがいずれかによって、この文の意味は大きく変わってくる。

まず生徒が口にした場合はどうだろうか。先生に対する敬意を示している。「ます」という丁寧語は、いずれ先にいって取り上げるように「対者敬語」で、話し相手に対する気配り（敬意）を表現する。それはよく分かる。

だが、そうだとすると、上位者である先生がその同じ文を口にするということは、いったいどういうことなのか。先生が生徒に敬意を表明するとはおかしな事態だ。この丁寧語の使用は果たしてどんな役割を演じているのか。

状況ははなはだ異なっているように思われるけれども、実はこれに似た事例をわれわれはよく見聞している。それは、講演者が壇上で「です・ます」調で聴衆に語りかける場合である。あるいは啓蒙書を「です・ます」体で書く時である。この丁寧語は「親愛の情」を伝えている。ある意味で、敬語表現（丁寧語）とは人間関係の評定だ。話し手と聞き手の人間関係への心くばり、つまり話し手が聞き手を「いかに」遇するかである。

ここでは敬語は本来の名に値しないものに変質している。むしろ「社交語」や「エチケット語」と呼ぶのにふさわしい。あるいは、これを逆に見て、敬意という語が変質してしまっていると言っていいのかもしれない。ここでいう敬意とは広義に解した「人間関係への濃やかな心くばり」である。なんとも漠然としていて心許ないが、これが差し当たりのわれわれの「敬意」の定義である。いや、「差し当たり」という付帯条件はむしろ取り下げるべきだろうか。ひょっとするとこれ以上の明確な定義を下すことは、出来ない相談なのかもしれない。そう、「心くばり」のカバーする領域ははなはだ広い。

上下、長幼、親疎、尊卑、利害、恩義、愛憎、優劣など。さまざまな人間関係の評定に基づき「上位者」「同位者」「下位者」の位置づけがなされる。われわれが今後「上位者」「同位者」「下位者」と言うときには、上記のようなさまざまな「尺度」に照らした人間関係の「主観的」評定である。くれぐれも「主観的」という形容詞を忘れないでほしい。

敬語は日本語の本質に関わる

前項の確認を踏まえると、敬語の定義はいったいどんなものになるだろうか。いたって無難な定義は「敬意あるいは丁寧さをあらわす、通常の表現（言い回し）とは異なる特別な表現である」ということになるだろう。

確かに敬語は「特別な」表現である。「言う」に対して「おっしゃる」は特別な表現（尊敬語）である。「行く」に対して「うかがう」は特別な表現（謙譲語）である。「だ・である」に対して「です・ます」は特別な表現（丁寧語）である。日本語の敬語はすでに触れたように基本的には語彙（慣用句）の問題だ。日本語には「敬語／非敬語」のきっちりとした体系（二項対立構図）がある。この性格はほかの言語にも見られるかもしれないが、日本語ほど体系的で広範囲に及ぶケースは稀だろう。

敬語が日本語において占める比重は重い。わけても話し言葉においてはそのことが言える。その話し言葉だが、ここにおいて日本語は他の言語に比べて、特にヨーロッパ諸語と比べて著しい特徴をみせている。すでに検討した次の三つの特徴である。

⑴ コンテクスト（発話場面）に依存する
⑵ 述語一本立てである
⑶ 主観的である

まさしく敬語はこの三つの特質を合わせ持っている。まず⑴である。敬語はその発話場面（コンテクスト）にふさわしい表現でなければならない。たとえば冠婚葬祭ならそれなりの改まった敬語表現が求められるだろうが、ここでは場面という要件は脇に置いて（いずれこの問題は取り上げる）、話し相手（聞き手）だけを視野におさめることにしよう。

日本語では自分と相手との人間関係を見極めないと、なにも表現できない。日本語はすべて相手を顧慮した「待遇表現」である。たとえばごく素朴な時刻をたずねる場面を考えてみる。次のような三つのケースが想定されるだろう。

⑴ いま、何時？——三時だよ。
⑵ いま、何時ですか。——三時ですよ。
⑶ いま何時でございますか。——三時でございます。

⑴は普通語、⑵は丁寧語、⑶は丁重語で、それに応じて話し相手の位置づけが違っている。「あなた」と名指されてはいないものの⑴⑵⑶は「対者」の評定がしっかりとなされている。というよりか、こうした人間関係の位置づけなくして、日本語はそもそも発動しないのだ。ここのあたりが英語などのヨーロッパ語と著しく異なっている。

たとえば英語などで敬語的な表現としてWould you ～（仮定法）というような言い回しが用いられるが、この場合は構文が決定されたあとの文体的働きかけと見なすことができる。それにひきかえ、日本語の場合はまったく事情が違う。敬語の使い分けが構文を決定する。敬語選択と構文選択は同時的なのだ。敬語は構文に対して拘束力を持っている。日本語表現において敬語は原本的な役割を果たしている。敬語は日本語そのものである。

敬語は動詞人称変化を代替している

今度は、⑵の「述語一本立てである」（主語は補語にしかすぎない）を俎上に載せよう。

英語やフランス語では主語を絶対に省略することはできない。いったいにヨーロッパ語では主語が文を牽引する強力な役割を果たしている。なるほどラテン語やイタリア語、スペイン語などでは場合によっては主語が省略されることがある。だがちゃんと主語は示されている。動詞の語尾変化が省略された主語をしっかりと指示しているからだ。

しかし日本語では、動詞の活用は主語を指示しない。たとえば「行く」という動詞の終止形は、「私が行く」「あなたが行く」「彼が行く」「彼女が行く」「私たちが行く」「あなたたちが行く」「彼らが行く」を表すことができる。日本語には動詞の人称変化がないのに人称代名詞が省略できるのは、敬語が発達しているからだ（すでに指摘したように、日本語にはそもそも「人称代名詞」は存在しないのだから、この言い方は適切ではないが）。日本語の主語は省略されているわけではない。コンテクストのなかに埋め込まれている。あるいは敬語が表現している。

(1)　あしたはどちらへお出かけですか。
(2)　これからお迎えにまいります。

この二つの文の主語は敬語の使い方から判明する。(1)は尊敬語が使われているので、主語は二人称である。(2)は謙譲語が使われているので、主語は一人称である。この事態を裏返してみれば、主語が一人称のときは謙譲語を、主語が二人称のときは尊敬語でもって

それぞれ対応する。この代替関係は、人称代名詞を好んで落とす日本語の傾向を助長しているだろう。日本語では一人称と二人称は表現されないことが多い。特に二人称については口にすることは失礼に当たるとされる。「あなた」は目上の人には使えないのだ。「同位者」でも使うのがためらわれる。もっとも、女性は比較的自由に「あなた」を使うようであるが。日本語の「あなた」の使い方の難しさは、一昔前の（?）夫婦喧嘩の場面での妻の発言によっても了解できるはずだ。

あなた、実家《さと》に帰らせていただきます。

今度は、もう少し込み入った例を取り上げることにしよう。

たとえば「早く起きる」という文を基に敬語表現の人称指示機能を考えてみる（例文中の「られ」は「可能」「受け身」ではなく、「尊敬」と取ること）。

⑶　きょうは早く起きた。
⑷　きょうは早く起きました。
⑸　きょうは早く起きられました。

⑹　きょうは早く起きられた。

敬語の使われていない⑶は、この文が話し手の独り言なのか、聞き手に向けられたものなのか特定ができない。また「誰がきょう早く起きた」のかも特定できない。「私」かもしれないし、「あなた」かもしれないし、「彼」「彼女」かもしれない。⑷は「ます」という丁寧語の使用から聞き手（二人称）に向かって発せられていることが分かる。しかし、⑶と同じように、「誰がきょう早く起きた」かは特定できない。⑸は丁寧語の使用から主語が「私」でないことは分かる。しかし尊敬の対象が二人称であるか、三人称であるかは特定できない。

さて、⑹はどうだろうか。ここで注目すべきは聞き手に対して丁寧語を使っていない点である。つまり聞き手は話し手と「同位者」と位置づけられている。してみれば「起きられた」という尊敬表現は聞き手以外の人物（三人称）に対して向けられていると考えざるをえない。つまり、話題中の人物が尊敬の対象になっているということが判明する。

ご覧のとおり、日本語の敬語は動詞人称変化の代わりの役目を果たす（場合がある）。

日本語は人間関係を「主観的に」定位する

残るは⑶の、日本語は「主観的である」だ。この場合の「主観的」は、すでにそう解したように、日本語は「自分の見たこと、感じたこと、思ったこと」を表現する傾向があると解することができるが、ここでは別の側面を念頭に置いている。

日本語は人間関係を「主観的に」定位する。問題は、物事に向き合ったときの「私」という視点である。「私」を定位しないと日本語は表現が定まらない。問題なのは、客観的な視点、いわば「神の視点」ではない。「私」は事象のなかの one of them ではない。日本語の場合、物事は「私」を中心にして捉えられる。

たとえば次の例を見てみよう。

(1) 彼は私に本をくれた。
(2) 彼は私に本をくれました。
(3) 彼は私に本をくださった。
(4) 彼は私に本をくださいました。

話し手の「私」が聞き手に話しているという設定である。この四つの文は「私」「聞き手」「彼」（話題の人物）という三者の人間関係をそれとなく表現している。

(1)は敬語はいっさい使われていない。つまり「普通語」だ。「私」

は「彼」に対しても「聞き手」に対しても「敬意」を表現していない。この三人の人間関係は同等であり、親密であると考えられる。

⑵の「私」は「彼」と同等・親密だが、「聞き手」には敬意を払っている。丁寧語の「ます」の使用がこのことを示している。

⑶は「くださる」という敬語の使用から「彼」が「私」の上位者だと見なされていることが分かる。ただし、文末に丁寧語を使っていないので「聞き手」とは同等（親密）である。

⑷は敬語と丁寧語の使用から「彼」と「聞き手」が「私」より上位者であることが分かる。

この四つの例から了解できることは、日本語における敬語の比重の格別な重さである。この印象は、この四つの文が次の英文の訳文だと種を明かせば、なお一段と強まるのではなかろうか。

⑸ He gave me a book.（彼は私に本を与えた）

英語の「与える」（give）は「本の移動」を客観的に伝えるだけである。「彼」と「私」と「聞き手」の人間関係はまったく問題にならない。つまり英語の give は日本語の「恩恵の授受」を表現できないということだ。いや、もっと正確にいえば、そんな人間関係（恩恵の授受）を顧慮する必要はみじんもないのだ。

すでに指摘したように、「敬語」はなにも日本語だけに特有の言語現象ではない。「敬意」をあらわす表現法はどの言語にも見られるものだ。ただ、日本語（ほかにはたとえば朝鮮語）のように体系的で精緻な例は世界でもきわめて珍しいということである。

以上、日本語と敬語の関係を追ってきた。日本語の三つの特徴はそれぞれお互いに深く連関している。ご覧のとおり、「敬語」は日本語の本質に深く根ざしていることが確認できたのではないだろうか。「話し手」を軸に「聞き手」と「話題」とが重要な働きをしている——それが日本語の、ひいては敬語のチェック・ポイントである。

第二章

話し方

❖ I ❖ 敬語の基本原理

敬語の種類

敬語の種類については学問的には諸説あるが、実用的な観点からは「丁寧語」「尊敬語」「謙譲語」に分類するのが便利である（美化語については後述）。それぞれについて役割と例文を挙げれば、次のようになる。

［1］ 丁寧語は話し方を丁寧にする。「です」「ます」を文末に置く。

「こちらが報告書です。」

「大変失礼しました。」

［2］ 尊敬語は聞き手あるいは話題の人物を高めて敬意を表す。

「ご覧になりますか。」

「課長、社長がそうおっしゃいました。」

［3］ 謙譲語は自分を低めて「聞き手」あるいは「話題の人物」に敬意を表す。

「これからすぐにそちらに参ります。」
「あの先生のことはよく存じ上げています。」

敬語の使い方という実際的な観点からいえば、［1］から［3］へと難度が上がる。なぜだろうか。謙譲語が日本語の統語構造のいちばん深いところに関係しているからだ。言い換えれば謙譲語は「補語」に関わっている。補語とは耳慣れない言葉かもしれないが、ここでは目的語や「〜のために」（利益）、「〜の」（所有）などを表し、述語の意味を「補う」言葉と解してくだされぱよい。特に注意してほしい点はモノが文法上の目的語になっているときは、そのものに関係する人間も「補語」と見なすということだ。たとえば、

⑴　あした、お宅に伺います。（あなたの）
⑵　すてきなプレゼントをご用意しております。（あなたに／あなたの）

傍線の謙譲語は聞き手、ないしは聞き手に関わっているものが話題になっているから使われているのだ。もちろん、今後、この特殊な用法を含めて「謙譲語は補語を問題にする」という言い方をする（「補語」については再説する）。

尊敬語についていえば、「主語」が問題になる。ただ、尊敬語について注意しなければならないのは、

「主語」が「聞き手」を意味する場合と「話題中の人物」（第三者）を意味する場合があるということだ。

(3) 北海道を旅行されたことがありますか。

(4) 北海道を旅行されたことがあるらしいよ。

(3)は聞き手に語りかけている。聞き手が尊敬の対象になっている。さらに丁寧語の使用から聞き手に対して敬意が払われていることが分かる。(4)は話題中の人物（三人称）が尊敬の対象だ。普通語で語りかけているので聞き手を「同位者」と待遇している。いずれにしても、話し手は「主語」に照準を合わせている。

丁寧語については、もっぱら「話し手」と「聞き手」の関係が問題になる。「話し手」が照準を合わせているのは「聞き手」であり、「話題」は差し当たり関心の外である。丁寧語の使い分けは「話題」とはいっさい関係ないという点はしっかり押さえておく必要がある。

敬語の四つのアイテムと敬語マンダラ図

ここまで検証したことを統語＝構文的に捉え返すと、丁寧語が尊敬語を包み込み、尊敬語が謙譲語を包み込むという包摂関係が見えてくる。このことは次の例文について考えてみれば納得がいくはずだ。

その問題については、課長が社長とご相談されます。（平社員が係長に）

「ご相談さ」が謙譲語、「れ」が尊敬語、「ます」が丁寧語だ。これは、敬語が組合わされるときの順番（階層関係）を示している（どういう意味関係を表しているかはここでは問題にしない）。この階層関係と、先ほど確認した各敬語の照準先を重ね合わせると「敬語マンダラ図」（左図）が取り出せる。

この敬語マンダラ図は敬語の包摂関係と敬語の四つのチェック・アイテムが描き込まれている。このマンダラ図をしっかり頭に刻み込んでおけば、敬語の本質を見誤ることはないはずだ。

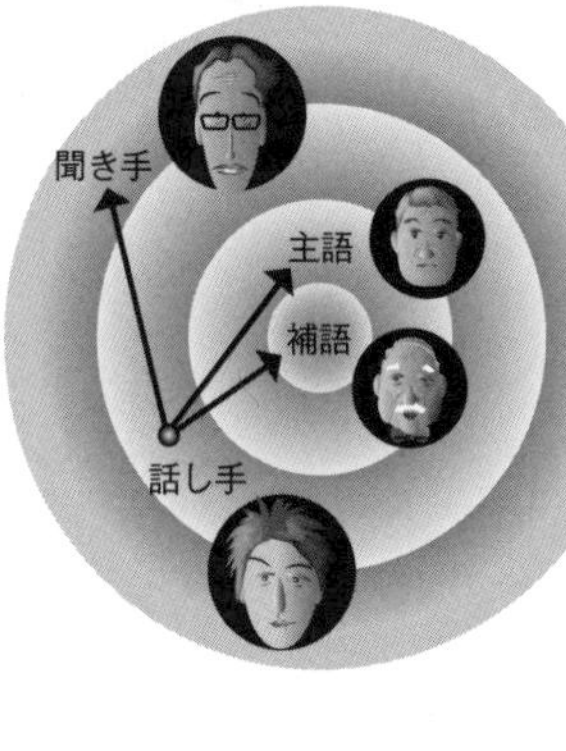

謙譲語の原理――話題中の補語に対する話し手の敬意

丁寧語、尊敬語、謙譲語の詳しい説明は先に送るとして、その前に全体を見わたすために、三つの敬語を律する原理的なものをマンダラ図を使いながら見とどけておくことにしたい。

すでに指摘したように、世間の人びとは敬語というものに対して偏見を抱いている。敬語が複雑な体系であると、いちずに思い込んでいる。敬語を使いこなすのが難しいと、いたずらに不安を感じている。しかしながら私にいわせれば、敬語ははなはだシンプルな原理からなる約束事（体系）以外のなにものでもない。

以降のマンダラ図がよく示しているように、敬語のチェック・アイテムは「話し手」「聞き手」「主語」「補語」のたった四つだ。そして、必要に応じてそれぞれ「主語」「補語」「聞き手」を参照する。矢印（↓）は敬意が及ぶ先を示している。

それでは具体的にマンダラ図を参照しながら、三つの敬語の原理を検証してゆくことにしよう。

部長は社長にお目にかかる。

マンダラ図は左下のようになる。

注目すべきは「主語」の円と「補語」の円である。ほかの円は無視して差支えない。このマンダラ図から分かることは、謙譲語とは話題になっている（問題になっている）補語に対する「話し手」の敬意（心くばり）の表現ということだ。この場合、敬意とは補語を高く待遇することによって、結果として相対的に主語（部長）を低めることである。してみれば、謙譲語は補語（社長）を高めるのであるから本質的には尊敬語なのである。

尊敬語の原理――話題中の主語に対する話し手の敬意

尊敬語とは「話し手」の、話題の「主語」に対する心くばり（敬意）の表現である。尊敬語では「話し手」と問題の「主語」だけが焦点で、聞き手との関係は視野の外である。

⑴　社長は（お）食事を召し上がる。

⑴のマンダラ図は下のようになる。

尊敬語の場合、問題になるのは、なかから二番目の円と三番目の円である。マンダラ図からも明らかなように、話し手が話題中の主語に敬意を払っている。補語は視野の外である。聞き手も差し当たり視野に入ってこない。

尊敬語は主体（主語）尊敬である。

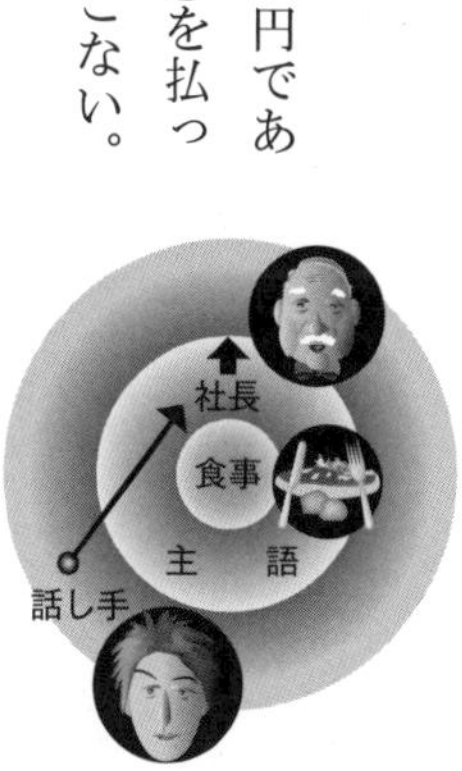

尊敬語の原理をはっきり把握するために、すでに確認した謙譲語の原理と比較・考量することにしよう。ほぼ同じ内容を尊敬語と謙譲語で表現できるケースがある。「くれる／もらう」の恩恵授受表現である。

⑵　先生は（私に）推薦書を書いてくださる。

⑶　（私は）先生に推薦書を書いていただく。

「くださる」と「いただく」は普通は同じことを違う視点から捉えた表現で、多くの場合はどちらを使っても支障がない。⑵も⑶もほぼ同じ内容を伝えている。この場合、違いがあるとすれば⑵は「してくれる」人の親切さ・好意を、⑶が「してもらう」人の感謝・恩義にスポットを当てている点である。この場合は、恩恵を受ける受益者の立場に立っている⑶のほうが自然な表現かもしれない。

⑵と⑶はほぼ同じ内容を表現しているもののマンダラ図は、両者が拠って立つ原理の違いを反映してまったく異なったものになる。

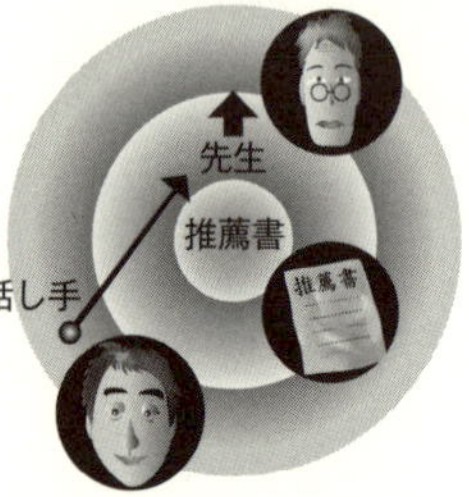

⑵のマンダラ図

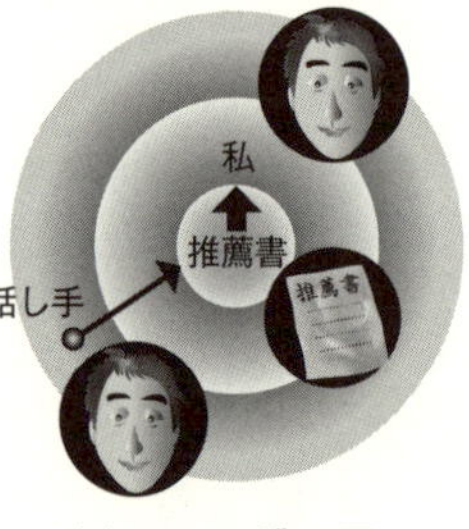

⑶のマンダラ図

このマンダラ図を見れば尊敬語と謙譲語のスタンスの違いが一目瞭然だろう。敬語の問題でいちばん多い間違いは尊敬語と謙譲語の取り違えであるが、両者のマンダラ図をしっかりと心に刻んでおけば絶対に間違えるおそれはない。迷ったときは是非このマンダラ図を思い出していただきたい。

⑵⑶を丁寧語にすると次の二文が得られる。

⑵* 先生が推薦書を書いてくださいます。

⑶* 先生に推薦書を書いていただきます。

マンダラ図は下のように一つになる。

丁寧語のマンダラ図が示していることは、丁寧語は話し手が語っている話題にはいっさい関知しないということだ。後ほど触れることになるが、尊敬語と謙譲語はなにを取り上げてもいいというわけではなく、話題を選ぶ。尊敬語と謙譲語にふさわしくない話題は確かにある。それにひきかえ丁寧語はどんな話題でもいっこうに構わない（すぐにその例を挙げる）。話し手の関心は自分と聞き手の関係だけだからである。

以上、敬語の基本原理をマンダラ図も援用しながら説明してきた。

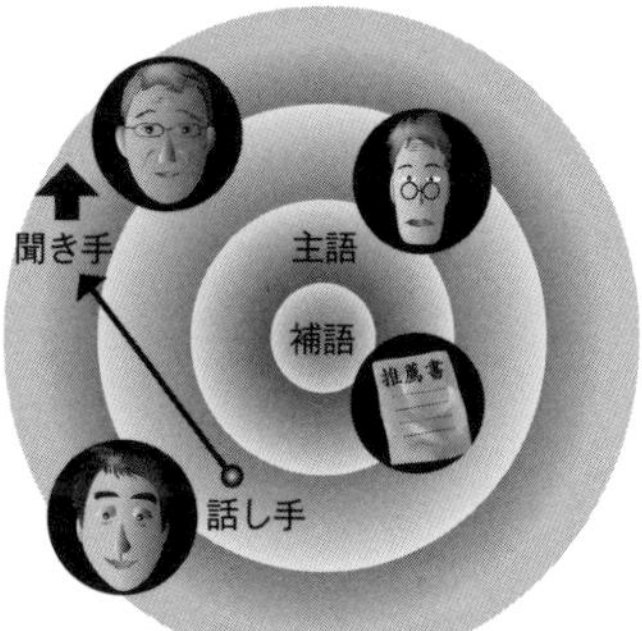

それでは、これから丁寧語、尊敬語、謙譲語の順序で取り上げていきたい。

❖Ⅱ❖

丁寧語は使い勝手がいい

とりあえず「です」「ます」を使おう

丁寧語は非常にシンプルだ。文末に「です」「ます」「ございます」を添えさえすればいい（当座は「ございます」を脇に置く）。尊敬語は直接的に相手を高め、謙譲語は（相手を高めるために）間接的に自分を低めるという違いはあるけれども、いずれも相手を高めることを基本としている。言い換えれば相手との人間関係（上下関係）を見極めたうえで使い分ける必要があるということだ。丁寧語にはそんな煩わしい配慮はいっさい無用だ。丁寧語は話題とは関係がない。そのため尊敬語・謙譲語に比べると、敬意の度合いは大きくない。しかしながらその用法が簡便なことから、もっとも使い勝手のよろしい敬語表現だ。丁寧語は「対者尊敬」「対者敬語」とも呼ばれ、話し手が聞き手に対して丁寧に待遇していることを表している。

丁寧語は言葉遣いを丁寧にすることによって、相手に対する敬意や自分の品位を表現する。特に注意すべきは、話題の内容を選ばないという点だ。たとえば次のような例を考えてみよう。

あの野郎、とんだ食わせ者でした。土壇場になってトンズラを決め込みやがったんです。人間って、外見で判断してはいけませんね。おれ、ばっちし反省しています。

文末以外はぞんざいな話し方である。いわゆる「軽卑語」（下品な言葉）が使われている。しかし文末の「です」「ます」によって相手（聞き手）への気配り（敬意）はしっかり保たれている。丁寧語は使い方が簡単で、おまけに話題に関係なく自由に使える。敬語の第一歩として「です」「ます」を大いに使うことにしよう。ただし、一点だけ注意しておきたい。「です」「ます」は文末では遠慮なく使ってオーケーだが、文中の場合は省いたほうがすっきりする場合もある。

ご検討になりまして、お決めください。→ご検討になり、お決めください。

こうなりましたのも、こちらの不手際のせいです。→こうなったのも、こちらの不手際のせいです。

とんだ食わせ物でした。
…………ばっちし反省しています。

「です」のアキレス腱

「ます」は動詞（連用形）に接続する。その接続の仕方に例外はないので安心して使える。ところが「です」は原則として名詞に接続する。ただし、名詞に準ずるということで形容動詞も可だ（「形容動詞」というネーミングはまったくのミスマッチ。その働きからいえば形容詞と名詞を兼ねているので「形容名詞」と呼ぶほうがふさわしい）。たとえば「元気です」「きれいです」。ただ、動詞・形容詞（型活用語）とは相性がよろしくない。

⑴　書くです。
⑵　見たです。
⑶　美しいです。
⑷　なんともないです。

この例文をどう思いますか。⑴と⑵はごく一部で使われているようだが、問題のある言い方だろう。「の」（形式名詞）を挿入するか、「ます」を使って次のように言い直すべきだろう。

⑴*　書くのです。

(1)** 書きます。
(2)* 見たのです。
(2)** 見ました。

(3)と(4)についてはどうだろうか。現在の日本語では問題なしとされる用法だが（一九五七年の「これからの敬語」が許容した）、私の語感では少しひっかかる。この据わりの悪さは、「です」がもともと名詞（あるいは形容名詞）につくということから来ているようだ。こういう場合私なら、「美しいのです」「なんともないのです」にするか、いっそのこと「美しい。」「なんともない。」と言い切る。それとどういうわけか（音調のせい?）、終助詞の「ね」「よ」を添えると抵抗感が薄れる。

(3)* 美しいですね。
(4)* なんともないですよ。

「形容詞（型活用語）＋です」に関してはあくまで好みの問題だろう。気にならない向きはどんどん使えばよろしい。

「ございます」は本物の敬語力が求められる

「ございます」は「ある」「である」の丁寧表現である。

パンフレットはここにある。（友人に）
パンフレットはここにあります。（先輩に）
パンフレットはこちらにございます。（上司、顧客に）
私があの子の父親だ。
私があの子の父親です。
私があの子の父親でございます。

現在「であります」はあまり使われない。その代わりというか、そのぶん「ございます」が多用されているようだ。特にビジネス場面で頻用されているが、誤用も目につく。「ございます」を使いこなすにはそれなりの敬語力が求められる。

次の例文をどう思いますか。

失礼ですが、斎藤さんでございますか。

これはよく耳にするフレーズだが、実は問題がないわけではない。すでに触れたように「ございます」は「です」の、さらに叮嚀な改まった表現（丁重語）だ。丁寧語なのだから「です」と同じように話題と関係なく使っても問題がなさそうに思われる。建前からいえばそのとおりなので、実際、多くの人が使っている。しかしながら「ございます」は、丁寧語ではあるけれども、謙譲語のなごりを留めている。それで、聞き手に対して使うと相手を低めてしまうことになる。この用法に抵抗を感じる人がいるゆえんである。

では、どうすればこの事態を回避できるのか。とりあえず二つの手立てがある。ひとつは、敬意は下がるけれども、「斎藤さんですか」とする。もうひとつは、敬意を保つべく、「である→でいらっしゃる」を使って「斎藤さんでいらっしゃいますか」とする。

この煩わしさは、「〜ございます」の「〜」に入るものについて制限があることから来ている。原則として二人称主語（相手側の話題）に対しては使えないのだ。「主語」を選ぶ――この点が「です」「ます」と「ございます」の決定的な違いだ。むずかしいことは考えないで、とりあえず次の方針に従えば無難である。

［1］一人称（自分に関係するもの）＋ ございます
［2］二人称（相手に関係するもの）＋ いらっしゃいます／おありです

次の例文をじっくりと比較してほしい。

私は東京の生まれでございます。（デアル）
あなたは大阪の（お）生まれでいらっしゃいます。
私は時間がございます。（ガアル）
あなたは時間がおありですか／おありでいらっしゃいますか。

要するに、「ございます」は「です」「あります」の、さらに丁寧な表現である。言い換えれば「ございます」は丁重語で、「丁寧＋改まり」を表現する。だから「ございます」は「題材」「内容」が改まった表現に見合うものでなければならない。それだけではない。話の流れ全体が「ございます」に応分の折り目正しさを備えていなければならない。かしこまった場面でないのに「ございます」を使うと、そこだけ妙に浮き上がってしまう。文字どおり場違いになる。「ございます」は人、話題、場面を選ぶのである。

ちょっとした気配りを（その一）——改まり語

ところで、場面によっては「です」「ます」を使っても、敬意や丁寧がうまく伝わらないケースがある。そんなときには敬語だけではなく、敬語以外の手立てに助けを求める必要が出てくる。敬語をサポートする「改まり語」や「クッション語」の出番だ。改まり語は単語の問題であり、クッション語は慣用句の問題である。

改まり語から見てゆくことにしよう。

改まり語の基本は、カジュアルな言い方をフォーマルな言い方に言い直すことである。親しい人間どうしの会話では、くだけた言い回しが飛び交う。「ぼく」だとか「おれ」だとか、「とっても」だとか「すっごく」だとか、「あっち」だとか「さっき」だとか。なるほど、ざっくばらんで風通しがいい。私的な場面なら問題がないが、少し公的な場合では礼を失することになる。情況に応じてやはり、それなりの折り目正しい言葉づかいが必要になる。くだけた、あるいは日常的な言い回しを改まったものに替える。基本的な方向としては話し言葉を書き言葉に、和語を漢語に取り替えると考えれば大過ない。

次の例文を考えてみよう。

顧客——この品物、返品したいんですけど。
店員——ここでは扱っておりません。あっちのコーナーでございます。

敬語の使い方はまったく問題がない。どこが問題か。店員の応対がやや素っ気ない感じがする。言葉づかいも幾分くだけている。本当はクッション語も考慮しなければならないのだが（この問題はすぐあとで考え直す）、差し当たりここでは改まり語に的を絞ることにしよう。店員の応対を改まり語を使って次のように言い直してみる。

こちらでは扱っておりません。あちらのコーナーでございます。

どうだろうか。店員の受け答えの印象がすこし柔らかくなったのではないだろうか。改まり語を使うという、ちょとした気配りでまるで別人のような応対になる。これはなかなかすごいことだ。改まり語の効能は侮りがたい。類書よりは多めにリストアップしておく。これだけ覚えておけば、絶対に困ることはないはずだ。

この間↓先日
きょう↓本日
きょうの朝↓今朝《けさ》
きょうの夜↓今晩・今夜
きのう↓昨日《さくじつ》
おととい↓一昨日《いっさくじつ》

すぐ↓さっそく
もうすぐ↓まもなく
なるべく早く↓折り返し
これから↓以後・今後
すぐに↓ただ今・至急
もう一度↓再度・改めて

ちょっと↓少々
いい・よい↓よろしい
だれ↓どなた↓どちら様
みんな↓皆様
〜ぐらい↓〜ほど
ここ・こっち↓こちら↓こちら様

あした↓あす↓明日《みょうにち》
あしたの晩↓明晩《みょうばん》
ゆうべ↓昨夜《さくや》
おとといの晩↓一昨晩《いっさくばん》
あさって↓明後日《みょうごにち》
近いうち↓近日中《きんじつちゅう》
者↓人↓方
すごく↓大変・非常に
さっき↓先ほど
あとで↓後ほど

今年《ことし》↓本年
去年↓昨年
おととし↓一昨年
今度↓この度《たび》・今回
この前↓前回
この次↓次回
いくら↓いかほど
どれくらい↓どれほど↓いかばかり
どう↓いかが

そこ・そっち↓そちら↓そちら様
あそこ・あっち↓あちら↓あちら様
どんな・なんの↓どのような
なんでも↓なんなりと
いつも・ふだん↓常々・平素
そんなこと↓そのようなこと
どこ・どれ↓どちら
用↓ご用件
ミス↓不手際
ひま↓てすき

ちょっとした気配りを（その二）――クッション語

クッション語は多くの場合、なにかものを頼むとか断る場合のように切り出しにくい微妙な話題を問題にするときに使う。改まり語のときに出した例を使う。

顧客――この品物、返品したいんですけど。

店員――こちらでは扱っておりません。あちらのコーナーでございます。

もちろん、これで問題はない。さらに注文をつけるとすれば、クッション語を加えることが考えられる。

店員――申し訳ありませんが、こちらでは扱っておりません。あちらのコーナーでございます。

ご覧のとおり、改まり語＋クッション語の合わせ技のおかげで、客への応対が気配りのあるものになった。

クッション語は特に決まった言葉を指すわけではない。「謝罪」「依頼」「忠告」「断り」「申し出」など微妙な話題を口にする場面で、相手や状況を配慮しながら表現を選んでいくうちに自然に特定の定型表現のグループができあがったということだ。数はそれほど多くない。改まり語の場合と同じく、覚えてしまうのが得策である。

クッション語は場面に応じて使い分ける必要がある。四つの主要な場面に分けて考えてみよう。

［1］謝る

〔2〕断る
〔3〕頼む・依頼する
〔4〕忠告・助言する

順を追って見てゆく。

【1】謝る

日常的でインフォーマルな場面では「ごめん」「ごめんなさい」でも済むかもしれないが、公的な場面や、ビジネス場面、かしこまった場面ではそれなりのクッション語を添える必要がある。「すみません」「すみませんが…」はどうだろうか。よく耳にするクッション語だが、軽すぎる嫌いがある。やや親しい人に対してや、軽い謝意の場合は許されるが、それ以外では使わないほうが無難だ。深い謝意を表すには「失礼です」「申し訳ありません」を使うほうをお勧めする。

失礼ですが、ご返事が送れてしまいました。
昨日は家を留守にして、失礼しました。
申し訳ありませんが、交通渋滞のせいで約束の時間に少し遅れます。

手前どもの手違いで、商品の発送が遅れてしまいました。申し訳ございません。

「失礼」より「申し訳ない」のほうが謝意の程度が高い。さらに謝意の高い表現に「お詫び申し上げます」があるが、会話よりも公式の席や手紙のなかで使われる。

今回の不祥事を衷心よりお詫び申し上げます。

「ご迷惑ですが」「ご迷惑をおかけします」も「謝罪」の表現に使える。「失礼ですが」は「感謝」以外のすべての場面、つまり「謝罪」「断り」「依頼」「助言・注意」に使える汎用性の高いクッション語である。

よく使われるクッション語を挙げておこう。

残念ながら…、おかげさまで…、よろしければ…、差し支えなければ…、恐れいりますが…、申し訳ありませんが…、申し訳ございませんが…、恐縮ですが…、お手数（お手間・ご面倒）ですが…、お手数（お手間・ご面倒）をおかけしますが…、お手間を取らせますが…、（お）差し支えなければ…、あいにくですが…、お言葉を返すようですが…

【2】断る

「したくない」「できません」とストレートな断りの表現は相手の心証を害する。「結構です」「失礼します」「遠慮します」「ご容赦ください」という間接的な言い方をしたほうがよい。ほかにもクッション語を添えた次のような表現がある。

せっかくですが、ご希望に添えかねます。

残念ですが／あいにくですが、今回は先約があり、出席を見送らせていただきます。

申し越しの件ですが、不本意ながら／遺憾ながら、お役に立てず申し訳ありません。

【3】頼む・依頼する

他人にものを頼むとき、「〜してください」とストレートに指示・命令口調で表現するよりは、自分を低めて間接的な依頼表現にする。さらに、前振りとして次のようなクッション語を添えると、敬意が相手にやわらかく届く。

よろしければ、お名前をうかがえませんか。

お手数をおかけしますが、出欠の諾否を後日ご一報くださいませんか。

お差支えなければ、お客さまのご意見をお聞かせ願いませんか。
勝手を申しあげて恐縮ですが、程なく社長が戻りますので、あちらの応接室でお待ちいただけますか（お待ちいただけませんか）。

ほかに次のようなクッション語がある。覚えておくとなにかと便利である。

恐れ入りますが…、申し上げにくいのですが…、ご迷惑をおかけしますが…、お手間をとらせますが…、お忙しいところ、申し訳ございませんが…、まことに心苦しいのですが…

【4】忠告・助言する

忠告・助言表現は「～したほうがいいですよ」に集約される。この表現の特徴は、「行動」するのも、「決定」するのも、「利益」を受けるのもすべて「相手」にあるということだ。言い換えれば「私」の「相手」に対する働きかけ（忠告・助言）は、へたをすると余計なお節介になってしまう。どうすればよいか。その工夫の一つはクッション語を添えることだ。

生意気を言うようですが…、口幅ったいことを申すようですが…、まことに差し出がましいのですが…、余計なお世話かもしれませんが…

また、こちらがストレートに指示する（したほうがよろしいですよ）のではなく、「提案」（したらどうですか）の形にして諾否を相手の判断にゆだねる手がある。判断（決定権）を相手にゆだねる形にすると、押しつけがましさがなくなる。この気配り（決定権の委譲）は敬語表現にとって非常に大切なポイントになる。

差し出がましいとは存じますが、こちらにしたらいかがですか。

方法はまだある。自分の考えを提案することによって、遠回しに「助言・忠告する」というスタンスを選ぶことだ。

私でしたら、こちらにしますが。

「忠告・助言する」場合は、こちらが「上位者」であると相手に想わせないことが肝心である。

「お」は敬語の基本アイテム

現在、私たちは「お」（時には「ご」）をつければ丁寧な、あるいは上品な言い方になると感じている。特に女性の場合はやたらに「お」をつける傾向がある。この傾向に対しては識者から厳しい批判もあるようだが、それほど目くじらを立てる必要もないだろう。この問題は「美化語」と呼び習わされている物言いに関わっている。「美化語」とは、大層なネーミングであるが（「上品語」でいっこうに差し支えないと思うが）、この話題については先に行って取り上げることにしよう。

「お」の問題は敬語全般に亘っており、この話題を抜きに敬語を語ることはできない。それくらい「お」は敬語の基本アイテムだ。ここまで私たちは丁寧語を話題にしてきたが、「です」「ます」をきちんと使えれば最低合格ラインの敬語である。とはいえ、まだまだ言うべきことはたくさん残っている。「お」のさまざまな用法をきちんと押さえると、敬語の全体がよく見えてくることは間違いない。しばらく「お」の問題におつきあい願いたい。

そもそも、丁寧な「お」の由来はなにか。それは、「尊崇」「畏怖」の感情に求めることができるだろう。ありがたい、おっかない対象を敬して「お」をつけた。たとえば、次のような言葉に照らせば、その消息は納得されるはずだ。

お日様　お宮　お寺　お城　お天道様《てんとさま》　お殿様　お上《かみ》　お触れ　お達し　お祭り　お守り　お札《ふだ》
お米　お金　お札《さつ》　など

この「尊崇」「畏怖」の表現が一般のものに押し広げられていくことは、ごく自然な成り行きだろう。

たとえば尊重すべき相手の関係するもの（所有物や様子、状態）に「お」をつける。

お住まいはどちらですか。
お名前はなんとおっしゃいますか。
お年はおいくつですか。
お早いお目覚めですね。
まあ、お若いこと。
当地の逗留はお長いのですか。

あるいは「お〜になる」という言い方で、相手（主語）の動作を高める。

社長が外国にお発ちになった。

これは尊敬の表現（お〜なる）だが、よく似た「お〜する」は謙譲表現である。

先ほどからお待ちしていました。（あなたを）
荷物をお持ちします。（あなたの／あなたのために）

この謙譲表現は自分（主語）の動作が関わる先方（補語）を問題にし、高く待遇する。先ほどの尊敬表現と、この謙譲表現は形がよく似ているのでうっかりすると（いや、気をつけていても）、間違えてしまう。「お〜する」の謙譲表現を、「お」があるからというので尊敬表現と勘違いしている人がじつに多い、ほんとうに（今後、この誤解についてはくり返し注意をうながすことになるだろう）。

ご覧のように「お」は丁寧語とも、尊敬語とも、謙譲語とも深く関わっている。まさに八面六臂《はちめんろっぴ》の活躍である。だが、「お」の活躍はこれにとどまらない。先ほど言いさした「美化語」（上品語）とも大いに関係がある。

美化語は自己演出語

美化語はよく丁寧語の一種と説明されることもあるが、上品な言い方に過ぎず、敬意や丁寧さを特に表現しているわけではない。丁寧語とは一線を画すべきだろう。

なぜこうした留保をつけるのか。

丁寧語は「対者敬語」「対話の敬語」である。だから必ず聞き手を前提にしている。その証拠には、聞き手を想定しない日記や思索（内的思考）、独り言に「です」「ます」は使わない。それにひきかえ、「お酒」「お米」「お菓子」「お金」「お土産」などの美化語は使ってもいっこうに差し支えない。

美化語は上品な言い方をすることによって、自分の品位を高めることが狙いである。敬語がフォーマルな服装とすれば、美化語は身を飾る（さりげない）アクセサリーのようなもの。それがないからといって、別に礼を欠くことはない。美化語は自己演出語だ。使いたければ遠慮なく使えばよろしい。ただ、満艦飾は使う人の心根をあぶりだす。やはりそれなりの節度が求められるだろう。

「お」（あるいは「ご」）を冠した言葉が単に表現を「美化」するだけなのか、相手を高める敬語的機能を果たす（尊敬語／謙譲語）のかは発話場面による。たとえば次の「お手紙」は三者三様の働きをしている。

(1) 先生がお手紙をくださいました。
(2) 先生へお手紙をさしあげました。
(3) あたしって、お手紙を書くのは苦手なの。

(1)は「先生」（主語）を高める尊敬語、(2)は「私」（省略された主語）を低め、先生（補語）を高める謙譲語、(3)は単に「手紙」でもよいところを「お上品に」表現する美化語である。「お〜」が自分に関係する事柄に使われている場合は美化語と判定して大過ない。

(4) お酒を飲みたい気分だな。おつまみはなんにするか。
(5) このところ空気がすごく乾燥しているみたい。お肌の手入れは念入りにしないと。
(6) 今度のお仕事はサプライズでしたね。

⑺　お、仕事だって？　とんでもない。ただのお、遊びさ。

⑷は「酒」「つまみ」の場合もあるだろう。この二語は美化語として男性も使う。⑸の「お肌」は化粧品店ではお客に対してごく普通に使われるが、自分の肌の場合は使用するのをためらう女性もいるかもしれない。⑹は尊敬語として使われているが、それを受けた⑺の「お仕事」は特別なニュアンス（皮肉）が感じられる。自分の「仕事」を茶化している。普通は「仕事だって」と応答するはずだ。ここは「お住まいはどこです」といわれておうむ返しに「お住まいは…」と応じてしまう、よくある誤用を踏まえた確信犯的な対応だ。

「お遊び」にも軽侮のニュアンスが込められている。なるほど「お遊び」には美化語としての用法があるけれども、その場合は幼児語で、「お遊びの時間ですよ」などというように使用される。美化語は場合によっては「皮肉な」含意が込められる。美化とは馴染まない「乱行」を「ご乱行」とすれば特殊なニュアンスが込められるだろう。

「お」と「ご」の使い分けは一般的な規則があるわけではなくて、結局は習慣の問題に行き着いてしまう。そうはいっても、おおよその傾向は見られるので、そのあたりを追ってみることにしよう。

「お〜」と「ご〜」の使い分け

美化語の接頭語は「お」がほとんどで「ご」は稀だ。美化語は女性が深く関わっている分野の言葉に多く見られる。たとえば家事・育児関係の語。漢語でも「お」が多い。

お料理　お炊事　お勉強　お弁当　おひや　おにぎり　おむすび　おやつ　おしぼり　おすそわけ　おでき（もの）　お風邪　おもらし　おねしょ（うべん）　おいた（ずら）　お幼稚（園）　お絵かき　お遊戯　おままごと　お手玉　おはじき　おませ　など

とりわけ食べ物・料理関係は「お」が付きやすい。

お米　お大根　おじゃが（いも）　お酒　お銚子　お皿　お椀　おしょうゆ　お塩　おナス　おイモ　おネギ　おリンゴ　お豆　おキュウリ　お紅茶　お菓子（おケーキは不可）　など

感情や姿形、所作、様子などに関するものは「お」が付きやすい。

おなつかしい　おうらやましい　おやさしい　お喜び　お怒り　お悲しみ　お楽しみ　お恥じらい　おきれい　おしとやか　お優しい　お派手な　お地味な　お若い　お達者　お気軽に　など

美化語を脇に置けば、「お」と「ご」のどちらが付くかには、一般的なルールがある。「お」は和語（訓読み語）に付き、「ご」は漢語（音読み語）に付く。

お戻り　お祝い　おすすめ　お美しい　お寒い　お暑い　お早々《はやばや》と

ご出席　ご褒美　ご無理　ご機嫌　ご推薦　ご帰還　ご無礼

同じ意味内容の言葉で比較してみると、「お＋和語」、「ご＋漢語」の使い分けの実態がよく分かる。

お望み／ご希望　お尋ね／ご質問　お休み／ご休暇　お知らせ／ご通知　お答え／ご返答　お力添え／ご協力　お教え／ご教示　お考え／ご意見　お勤め／ご勤務　お住まい／ご住居　お入り用／ご入用　お心付け／ご祝儀　お話し合い／ご相談　お立ち／ご出立　お忙しい／ご多忙　お酒／ご酒《しゅ》　お祈り／ご礼拝　お願い／ご祈願　など

ただし例外もある。漢語でも、日本語になじんだ言葉には「お」が付く。

お人柄　お天気　お弁当　お食事　お料理　お支度　お行儀　お勘定　お散歩　お電話　お道具　お豆腐　お砂糖　お達者　お掃除　お作法　お徳用　お給料　など

逆に、和語に「ご」が付く例外もある（音調の関係？）。

ごゆっくり　ごひいき　ごもっとも　ごゆるり　など

そうかと思うと、「お」と「ご」の両方が付くものもある。

お返事・ご返事　お名刺・ご名刺　お勉強・ご勉強　お年始・ご年始　お通知・ご通知　お時間・ご時間など

ところで、どんな言葉にも「お」「ご」がつくとは限らない。当然のことながら、尊敬・丁寧・上品の観念とはそぐわない意味内容の言葉には「お」「ご」は冠せられない。

お尻もち　お抜け作　おとんま　お不細工　おやくざ　お乱暴　お／ご失敗　ご犯人　ご災害　おうんこ　お反吐《へど》　お面《つら》　お食らいになる　おぬかしになる　おずらかりになる

ほかにも「お」（「ご」）を付けないものがある。たとえば外来語（「ごミサ」は珍しい例外）。

グラス　パスタ　ゼリー　バター　パン　ペット　ジュース　ノート　ドア　テーブル　ベッドカーテン　アイロン　レンジ　レシピ　メニュー　クーラー　テレビ　ラジオ　タクシー　など（おビール、おコーヒー、おトイレ、おズボン、おリボンなど「お」を付ける人もいる）

「お」「ご」は自然・鉱物・機械・組織など「かたい」イメージを与えるものとも、相性が悪い。

×お石　×お岩　×お川　×お海　×お雲　○お砂　○お山　○お空　自動車（お車・お乗物）

自転車　冷蔵庫　掃除機（お掃除）洗濯機（お洗濯）電気　電池　電球　機械　学校　会社　銀行

警察　消防　交番　病院　図書館　など

長い語（四拍＝仮名四文字以上）も苦手のようで、短縮した上で「お」「ご」がつく場合がある。

×お物置　×お尾頭付き（オで始まっているからとも。後出）ジャガイモ↓おジャガ　寝小便↓

おねしょ　かき餅↓おかき　いたずら↓おいた　つけ汁↓おつけ↓おみおつけ　できもの↓おでき

ただし、長い語でも「お」がつくケースもある。

お丼　おそうめん　お台所　お手回り品　など

「お」で始まる語も不具合か。

×お穏やか　×お踊り（になる）　×お折り紙

しかしながら「お起きになる」「お収めになる」「お教えになる」「お思いになる」「お驚きになる」

のような例も見られる。

やや改まった表現になるが「御《み》」「御《おん》」「御《ぎょ》」がある。

御子《みこ》　御心《みこころ》　御手《みて》　御声《みこえ》　御胸《みむね》　御格子《みこうし》　御輿《みこし》　御籤《みくじ》　御山《みやま》　御吉野《みよしの》　御霊《みたま》　御社《みやしろ》　御年《おんとし》　御社《おんしゃ》
御中《おんちゅう》　御礼《おんれい》　御曹司《おんぞうし》　御大《おんたい》（将）　御身《おんみ》　御入《おんい》り　御衣《ぎょい》　御意《ぎょい》など

最後に婉曲的な「お」も挙げておこう。

お便所　お手洗い　おかわ（や）　お尻　お胸　お股《また》　お小水　お尿　おしっこ　お小便

美化・丁寧・尊敬の接頭語をやや詳しく追ってきた。はじめに断ったように規則はあっても例外が多く、慣用に従うしかない。これから俎上に載せる尊敬語や謙譲語ではおおいに活躍するので、およその見当さえ得られれば、それでよしとすべきだろう（重要な例外については、ピックアップしておいた）。いずれにせよ、「お」と「ご」は使いすぎると大げさになったり、嫌みになったりするので、使用に当たってはくれぐれも節度をわきまえたいものである。

❖Ⅲ❖ 尊敬語は主語への心くばりである

尊敬語さまざま

話相手や話題中の人物、またその人物に関係のあるものに対して尊敬の気持ちを込めて使われる。問題の人間が自分より「上位者」であることが前提である。別の言い方をすれば、尊敬語は話し手が主語を高める表現である。高める対象が主語だということが尊敬語のポイントになる。

尊敬表現のパターンを順番に見てゆくことにしよう。

◆「れる」「られる」「される」

このタイプは敬意の軽い尊敬表現である。

先輩が買い物に出かけられる。（出かける）

先生が推薦状を書かれる。（書く）

課長はお宅に戻られました。（戻る）

先生は面白い話をされました。（する）
大使夫妻は帰国されました。（帰国する）

「れる」「られる」「される」でもそれなりの「尊敬表現」にはなる（以下、「れる」で代表させる）。ただし、「れる」は「受け身」「可能」「自発」（そぞろ哀れが感じられる）の用法があるので、まぎらわしい場合がある。特に「受け身」とは。そこで、元の言葉の「敬意不足」あるいは「曖昧さ」を解消するために、対応する専用の尊敬表現があれば、それを使うほうが望ましい。次に挙げる専用尊敬語をしっかりと覚えるようにしよう。

◆主な専用尊敬語

する→なさる、あそばす
言う→おっしゃる
行く→いらっしゃる、おいでになる、お越しになる
来る→見える、いらっしゃる、おいでになる、お見えになる、お越しになる
いる→見える、いらっしゃる、おいでになる、（おられる）

見る→ご覧になる
着る→召す
くれる→くださる
食べる→あがる、召し上がる
知っている→ご存じ

専用尊敬語は「れる」よりずっと敬度が高い。また、敬度の高い敬語表現としては、次に挙げるようないくつかの敬語変換パターンがある。

◆「お／ご〜になる」

「〜」には名詞あるいは動詞の「連用形」（「ます」が接続するときの形）が入る。連用形は「動詞の名詞形」と解すれば、「〜には名詞相当語が入る」と一つの原理でまとめることができる。

喜ぶ（→喜びます）→お喜びになる　　出発する→ご出発になる
会う（→会います）→お会いになる　　心配する→ご心配になる

「お／ご〜になる」は動作を直接的に示すのではなくて、「そういう状態になる」と間接的＝婉曲的に表現する。日本語の尊敬の気持ちは「自然にそうなること」「人間の意志を超えた成り行き」として表現される。

ちなみにここで、日本語の自動詞と他動詞の区別が「なる／する」の二項対立図式に基づいていることを思い出すとよい。「自動詞／他動詞」の違いは英語のように「直接目的語」を取るか取らないかが主要な判定基準ではない。原則として「自然にそうなること」を自動詞が、「人間が意志的にすること」を他動詞が表す。これは「尊敬語＝なる」と「謙譲語＝する」の対立図式とパラレルの関係にある（後述）。

◆「ご～なさる」

「ご～なさる」は「～する」タイプの動詞（サ変動詞）に適用される変換パターンである。

主張する→ご主張なさる

注文する→ご注文なさる

「お（ご）～になる」「ご～なさる」については、相性の悪い言葉があること、また「お／ご」の使い分けに例外があることなど、使い勝手がよろしくない。この問題に対して菊池康人は、「簡便な」対処法を提案されている（菊池康人『敬語』『敬語再入門』講談社）。なかなか適切で重宝な対処法である。

【1】スル型動詞（サ変動詞）→ナサル

あえて「ご」を付けないことに注意。機械的に「スル→ナサル」に変換するのがポイント。というのも、「ご」と不具合の言葉が割に多いからだ。それに、「ご」を落としても敬度はさほど変わらない。おまけに、外来語やオノマトペもカバーできるという利点もある。ハッスルなさる。しゃきっとなさる。

【2】その他の動詞（非スル型）→オ〜ニナル

非スル型に限定すればほとんど「お」で対応できる。「お」が使えない場合は、「〜」の部分が一拍（かな一文字）か二拍（かな二文字）で、それぞれしかるべき専用尊敬語が用意されている（する　来る　居る　見る　着る　寝る　くれる　言う　行く　やる　食べる　知っている　など）。

専用尊敬語と「お（ご）〜になる」「ご〜なさる」をしっかり押さえれば（「れる」は慎重に使うという条件付きだが）、いちおう敬語は合格ラインを越える。

◆「お（ご）……です」

この表現はすっきりしていてお勧めである。

読んでいる（→お読みだ）⇒お読みです

自由だ（→ご自由だ）⇒ご自由です

到着した（→ご到着だ）⇒ご到着です

どうお考えですか。

支店長は名古屋へご出張です。

◆「～くださる」「お（ご）～くださる」

相手（主語）が恩恵を与える。

報告書に目を通してくださる。

これは、社長がお書きくださいました。

◆「…してください」（指示・命令表現）

この表現は「上位者」には適用できない。命令する立場にある人のみが使える。

お名前をお聞かせください。

ゆっくり（ご）養生なさってください。

指示・命令表現は相手のレベルに応じて言い回しを変える必要がある。

「しなさい」——「してもらえますか」（依頼）

「してください」——「していただけませんか」（依頼）

◆接頭語・接尾語による尊敬表現

難しい漢語が多いので、不明なものについては辞書などで確認すること。

（ご）賢察　（ご）高配　（ご）高著　貴下　貴殿　貴兄　大兄　貴女　博士　先生　画伯　（ご）

芳名　お名前　様　氏　女史　御社　貴社　貴校　御中《おんちゅう》　御尊父　御母堂　令夫人　令息　令嬢

◆動作や状態に対する尊敬語

尊敬すべき相手側の動作や状態について述べる。

先生はこの分野にお詳しい。
みなさんご立派でした。
お若くていらっしゃる。

◆関係する物や持ち物に対する尊敬語

尊敬すべき相手側に所属・関係する事物について述べる。

社長のお宅に寄った
先生のご著書

二重敬語と過剰敬語

「お／ご～です」はすっきりとしたお勧めの敬語表現だが、「です」の部分を「でいらっしゃる」に換えると敬意が高まる。

部長がお呼びでいらっしゃいます。

なるほど、この表現は敬意は高いが、場合によっては少々過剰敬語の気味がある。ただ、このケースはいうところの「二重敬語」の誤用ではない。単なる「敬語連続」である。「お呼び＋でいらっしゃる」（尊敬語＋尊敬語）という具合に、本動詞と補助動詞に別個に敬語化が施されているからだ。たとえば「ご説明＋申し上げる」のように尊敬語と謙譲語が連結される例もある。

「二重敬語」と「敬語連続」は似て非なるもので、その違いはしっかりと区別しなければならない。二重敬語とは一つの語に対して同じタイプの敬語化を重ねることだ。たとえば「おっしゃる」にさらに「れる」敬語を加えて「おっしゃられる」とするような場合。二重敬語は「れる」敬語がからんでいるケースがほとんどである。

お帰りになりました→お帰りなられました

ただし、二重敬語でも慣用として許容されている（問題なしとされている）ものもある。「お召し上がりになる」「お召し上がりくださる」「お伺いする」「お伺いいたす」「お伺い申し上げる」など。敬語連続は二重敬語に比べると問題はないのだが、そうはいってもやはりうるさく感じられることはある。たとえば複合語「読んで＋いる」を例にとってこの問題を考えてみよう。

⑴　お読みになって　いらっしゃる
⑵　お読みになって　いる
⑶　読んで　いらっしゃる

敬語連続をすっきりさせたいときは、後ろの要素を敬語化する。⑵と⑶を比べてみると、⑶のほうが据わりがいい。「敬語連続はお尻を大切に」――このモットーはしっかり心に銘記しておこう。

❖Ⅳ❖ 謙譲語は尊敬語である

謙譲語と尊敬語の、似て非なる関係

謙譲語とは話し手が、補語（相手や話題の人物、ないしはその人物に関係する対象物）を高め、相対的に主語を低める表現である。話題の人物（が関係する対象）を上位者として待遇するので、「尊敬語」と見なすべきだとの考え方もある。たしかに、「間接的」尊敬語と捉えたほうが、この敬語の実態には即しているかもしれない。謙譲語は尊敬語なのである。

本当によくあるケースだが、謙譲語がともすれば尊敬語と取り違えられる原因は謙譲語と尊敬語の微妙な関係にあると言えるだろう。もう一度三八ページのマンダラ図でこの両者の関係を確認しておくようにしよう。

謙譲語と尊敬語の違いのポイントは、敬意の及ぶ対象が主語か補語か、である。言い換えれば、尊敬語は主語のありかた（存在・状態）が問題であり、謙譲語は補語へのふるまいかた（動作・関係）が問題である。このことをよく示しているのが、両者の基本変換パターンである。

すでに見たように尊敬語の場合は「お／ご～になる」であった。このパターンは、人間の関わり方

（意志）とは関係なくある状態が出来《しゅったい》する（自然にそのようになる）ことを表現している。人知・人力を超えた存在は畏怖すべきであるという感情（論理）が尊敬という観念の根底にある。それに対して謙譲語の基本変換パターンは「お／ご〜する」である。敬うべき存在に身を屈してふるまう（する）ことが「敬譲」精神の発露なのである。「なる」と「する」――これが尊敬語と謙譲語を分かつ根本原理である。

さて、謙譲語を理解するには「補語」という観念をきっちりと押さえる必要がある。主語であれば動作主ということでなんとなく見やすいが、補語はさまざまな現れ方をするのでなかなか捉えにくい。ここで、もう一度きっちりと整理しておこう。

⑴ 先ほどから（あなたを）お待ちしていました。
⑵ 明日《みょうにち》、例の件について（あなたに）ご説明します。
⑶ プレゼンの資料をお配りします。
⑷ お荷物をお持ちします。
⑸ ご自宅にお寄りします。
⑹ お客さまのために至急ご注文の品をお取り寄せいたします。
⑺ 木村さんはいつもこちらの店からお買い上げいただいております。

⑻ わたくしが社長とご一緒させていただきます。

省略されることが多いけれども、⑴はヲ格の目的語、⑵はニ格の目的語である。このケースは分かりやすいだろう。⑶は目的語（モノ）が関係している。モノに関係する人間に対する心くばりである。「あなたに」あるいは「あなたの」を含意している。⑷は⑶と同じ用法であるが、「お荷物」と「お」が冠せられていることに注意。話し手が自分の動作の及ぶ、相手側の対象に敬意を表しているからだ。⑸の「ご自宅」も⑷と同様な発想。⑹〜⑻は高める人、あるいは物が状況補語として示されている。ご覧のとおり、謙譲語でいう「補語」は広い意味で、目的補語（「を」「に」）、所有関係（「の」）、状況補語（「のために」「から」）などをカバーしている。具体的な目的語（モノ）の背後に「関係する」補語（ヒト）が隠れているケースが多いのでくれぐれも注意が肝心である。

さらに、「お／ご〜になる」（尊敬語）と「お／ご〜する」（謙譲語）は「お／ご」に引かれて混同する場合が多い。「お／ご〜する」を尊敬語と思い込んでしまうケースが特に多い。たとえば次の例などはどうか。

⑼ お客さま、なにをお探ししているのですか。

傍線部分は謙譲語である。たとえば「（わたしはあなたのために）なにをお探ししましょうか」という言い方。主語（わたし）を低める表現である。したがって⑼は、「お客さま」（主語）を低めてしまうことになる。これは失礼な表現だ。この間違いはよく見かけるが、使っている当人は明らかにくだんの言い回しを尊敬語と思い込んでいる。ここは客（主語）を高めなければならないわけだから、尊敬語の「お／ご～になる」を使って次のように言わなければならない。

⑼* お客さま、なにをお探しになっているのですか。

⑼** お客さま、なにをお探しになっていらっしゃるのですか。

すっきりした表現がお好みの向きには次のような表現がある。

⑼*** お客さま、なにを探していらっしゃるのですか。（後ろの要素の敬語化）

⑼**** お客さま、なにをお探しですか。

謙譲語の主要変換パターン

謙譲語と尊敬語の違いがお分かりいただけただろうか。

それでは、謙譲語を作るための主要な変換パターンを見ていくことにしよう。

【1】「お／ご〜する」

持つ→お持ちする
世話→お世話する
連絡→ご連絡する

お客様を会場までお送りします。
座席については手前どもでご手配します。

「お／ご〜する」では謙譲の気持ちが十分でないと感じられるのか、「する」の部分に「へりくだり」を表現する「いたす」「申し上げる」などの補助動詞が添えられることがある。とうぜん、「お／ご〜する」よりも敬度は高まる（後出）。

【2】「お／ご〜できる」

このパターンはよく誤解されるが、尊敬語ではない。「可能」を表現する謙譲語である。

明日の午後ならお会いできます。
商品はすぐにもご用意できます。

例文のように自分の側の行為に使うのはオーケーである。ところが、この表現を尊敬と勘違いして相手側の行為に使ってしまう誤用が多い。

×予約のチケットは指定の旅行代理店でお受け取りできます。
○予約のチケットは指定の旅行代理店でお受け取りになれます。

誤用敬語の典型である。もう少し説明を補足しておこう。

たとえば次の言い方。

(1) このクレジットカードはご利用できません。

使っている本人は(1)を尊敬表現だと勘違いしているにちがいない。しかし「ご利用できる」は「ご利用する」の可能表現で、謙譲語である。だとすれば、(1)は含意されている「あなた」(「お客さま」)を低めてしまう、たいへん失礼な表現と言わざるをえない。正しくは、「ご利用になる」という尊敬表現に可能の「れる」を接続して、次のようにしなければならない。

(1)* このクレジットカードはご利用になれません。

次の例も同様の間違いだ。

⑵　この水はお飲みできません。

⑵は含意されている「あなたは」に対する謙譲表現になっている。次のように言い直す必要がある。

⑵*　この水はお飲みになれません。

これに類した間違いとして「お求めやすい」というよく見かける表現がある。正しくは「お求めになりやすい」のはずだが、いまや大手をふるってまかり通っている。困ったことである。

[3]「お／ご〜いたす」

「お／ご〜いたす」は［1］の「お／ご〜する」よりも敬度の高い表現である。

お料理をすぐにお持ちいたします。
お客様を会場へご案内いたします。

この表現形式は補語を高める性質と、聞き手に丁重に述べる性質（自己卑下）を併せ持っている。「お・ご〜する」（補語のみを高める）よりも敬度が高いが、使い方もむずかしい。

(1)　この件について社長にご説明いたします。(○)
(2)　この件について父にご説明いたします。(×)
(3)　この件について父に説明いたします。(○)

(1)の「私」は「社長」に敬意を払い、なおかつ「聞き手」(たとえば課長)にへりくだっている。聞き手と話題中の人物の両方に敬意を払っている。いわゆる「二方面敬語」である。(2)は身内の「父」を高めてしまい不適切である。(3)のように言い換える必要がある(「ご」が落ちていることに注意)。「説明いたす」は主語の「私」を低めているだけである。

「~いたす」と「お・ご~いたす」の違いはしっかりと心に留めておこう。「~いたす」の変換パターンはサ変動詞のみに使われる。「いたす」はここでは補助動詞として使われているが、もともとは「する」の謙譲語である。自分の方の動作に使う

後始末は私がいたします。
あす、久しぶりに上京いたします。

「(~)いたす」を相手の側の動作に使うのは間違いである。

×ビールとお酒、どちらにいたしますか。
○ビールとお酒、どちらになさいますか。

【4】お／ご～（して）いただく

「いただく」は「もらう」の謙譲語である。ここでは補助動詞として使われている。相手から恩恵を受ける場合に使うのが本来であるが、拡張して相手に対する「願望」や「要望」を表現する場合もある。

わざわざお越しいただいて恐縮に存じます。
このたびはこのツアーにご参加いただき、有難うございます。
これは、社長にお書きになっていただきました。
教えていただきたい。
お名前をお書きになっていただきたい。
期日までに所定の金額をお支払いいただきます。
しっかり養生して、早く元気になっていただきたいと祈っています。

「お／ご～（して）いただく」は謙譲表現であるが、押しつける感じが強くなる場合は軟らかな表現に替える必要がある。「いただけますか」「いただきたいのですが」「いただければ幸いです」など。この言い換えのなかに敬語表現を丁寧化（洗練化）するポイントを見ることができる。基本的な方略は「自分が行動し、相手に決定権をゆだね、自分に利益がもたらされる」ように表現することである。

ここで注目したいのは蒲谷宏ほか『敬語表現』（大修館書店）が提案する「あたかも表現」だ。その要諦は、「本来は『自分』にある『決定権』を、『あたかも』相手にあるかのようにすること、本来は相手にあると言える利益を、あたかも『自分』にあるかのようにすること」である。

忠告・助言表現（したほうがいいですよ）→依頼表現（してもらえますか）
勧誘表現（しませんか）→依頼表現（してもらえますか）
指示・命令表現（しなさい／してください）→依頼表現（してもらえますか）
確認・宣言表現（～してもいいですね／～します）→あたかも許可求め表現（～してもいいですか）

要するに、相手が行動する場合は「あたかも依頼表現」にし、自分が行動する場合は「あたかも許可求め表現」にするということだ。つまり、相手の恩恵を受けて有難いという、へりくだりの気持ちを表明することが眼目である。

「お／ご～（して）いただく」に関連して「させていただく」という独特な謙譲表現がある。

「させていただく」は「させてもらう」の謙譲表現である。もともとは受恵表現の一種で、「相手の許可・同意を得たうえで恩恵を受ける」という意味で使われるものだ。相手の意向を汲むスタンスがあるので、ほかの謙譲表現とは異なり屈折していて、そのぶん敬意が高いと感じられる。昨今、特にビジネス場面でやたらに使われ、過剰敬語ではないかとの指摘がある。

次のような例は問題がない。

ご著書を読ませていただきました。
お供させていただきます。
こちらからご連絡をさせていただきます。
そちらには私が行かせていただきます。

次の例なども相手方の意を汲んでいる気配りが見られるので、まあ、許容できるだろう。

勝手ながら本日は休業させていただきます。
受賞パーティーには出席させていただきます。

「休業いたします」「出席いたします」でオーケーだとは思う。この「へりくだり」の念は理解できる気がする。

しかし次のような電話口での応対になると、どうだろうか。

――山崎課長はいらっしゃいますか。

――山崎は本日、休暇を取らせていただいております。

「誰がいったい許可を与えているのか」とツッコミを入れたくなる。「山崎は本日、休暇を取っています／取っております」とさらりと答えたほうがいい。次の例なども過剰敬語で、選挙運動でこれに類した演説はよく耳にする。慇懃無礼、まさに噴飯ものである。

不肖の身、かつては不祥事を起こさせていただいたこともありますが、このたびは皆様のために粉骨砕身、汗を流させていただく所存で、立候補を決意させていただきました。

実をいえば、本当に相手の許可・同意を取りつける必要がある場合は「させていただく」は礼を失した表現になることがある。「～（さ）せてください」と頼むべきだ。あるいは、すでに説明した「あたかも許可求め表現」にして相手の意向を打診する形にし、「させていただけないでしょうか」と軟らかく表現すべきだろう。

【5】 お／ご〜申し上げる

「お／ご〜いたす」より敬意の高い表現で、改まった場面や公の席、手紙で用いられる。

このたびのご受賞をお喜び申し上げます。

後日、改めてご連絡申し上げます。

【6】 お／ご〜願う　お／ご〜をお願いする

「〜してほしい」の謙譲表現である。

災害復興支援にご協力願います。

今後ともご指導・ご鞭撻をお願いします。

謙譲語の主な専用語

主要な専用謙譲語をリストアップしておく。たいした数ではないのでしっかり覚えることをお勧めする。

◆動詞：

・いる↓おる
・来る↓参る、伺う
・行く↓参る、伺う
・する↓いたす
・もらう↓いただく、頂戴する
・食べる↓いただく、頂戴する
・言う↓申す、申し上げる
・訪ねる↓うかがう、参上する
・尋ねる↓うかがう

・聞く↓うかがう、うけたまわる
・思う↓存じる
・知る↓存じる、存じ上げる
・やる（与える）↓上げる、差し上げる
・見る↓拝見する
・会う↓お目にかかる
・聞かせる↓お耳に入れる
・見せる↓お目にかける、ご覧に入れる
・引き受ける↓承知する、うけたまわる

◆名詞（自分のことや自分に関係する物）：

特別の接頭語を付ける場合が多い。

御　ご無沙汰　ご無礼　ご迷惑　御礼《おんれい》

弊　弊社　弊店　弊行　弊庁　（ちなみに当社、当店、本紙、本誌などの「当」「本」には謙譲の含意はない）

小　小生　小宅　小社　小店

拙　拙宅　拙著　拙文

愚　愚案　愚見　愚作　愚妻　愚息　愚女

その他　卑見　粗品　寸志　薄志　わたしめ　てまえ　手前ども　わたしども　せがれ　娘

謙譲語の「丁重語化」

現在、「参る」「申す」「いたす」「おる」「存じる」は丁寧語化し、「改まり」を含意する。「補語」を高める働きはない。敬意の対象は聞き手である（丁寧語を伴う、多くは「ます」を後続するのが普通）。「改まった」丁寧語（丁重語）という受けとめ方である（従来のものを「謙譲語Ⅰ」、いま問題にしているものを「謙譲語Ⅱ」と区別して呼ぶ場合がある）。

「主語は高める必要のない人や物でなければならない」という付帯条件を付けるか付けないかは立場による。つまり完全に丁寧語化したという立場と、謙譲語のなごりを認める立場がある（△の付いた例文がボーダーラインに位置する）。

雨が降ってまいりました。
父はただいま出張で大阪にまいっております。
係の者にそのように申します。
「袖振り合うも他生の縁」と申します。
佐藤と申す者から電話です。
それがよろしいかと存じます。
後始末は私がいたします。
変な音がいたしました。
△ビールとお酒、どちらにいたしますか（なさいますか）。
△お食事でもいたしましょうか。
△誰とここへまいられたのです。
△あなたの申されることは信じがたい。
△社長、それではそろそろ参りましょうか。

❖Ⅴ❖ 敬語の使い分け ―タテからヨコへ

ウチとソト

日本人は「上位者」「下位者」という縦軸だけで人間関係を判定するのではない。横軸でも人間関係を判定する。そこに働いているのは「親疎」関係の意識である。「ウチとソト」という、すぐれて日本的な発想が生まれる。

「ウチとソト」の発想の根っこにあるのは「自己中心主義」だ。「自己」は文字通り「我」(私)からはじまり、家族、学校、職場、共同体、国家などを体現する。自分(我)とそれ以外を区別する考え方は「内—外」の空間把握をとる。「私—ここ」と「彼—向こう」の二分法だ。たとえば「彼我《ひが》」という言葉があるが、自分あるいは自分の集団を「こちら」側、それ以外を「あちら」側とする発想である。

まず一番小さい「内」は「家」である。家族は「身内」的空間を形づくる。それは言葉遣いの上でも顕著で、「ウチの亭主/女房」とか「ウチの子」とか「ウチのパパ/ママ」とかやたらに「ウチ」が幅を利かせる。いわば家族は一心同体だ。親—子が身体的につながっている。子供がいじめられると親も同じようにいじめられたと感じ、子供の喧嘩に親が乗り出す。子供が生まれると自分の親を「子供の身になって」「おじいちゃん」とか「おばあちゃん」と呼ぶ不思議な言葉遣いが見られる（親族関係の呼び方については後述する）。生活苦を苦にして子供を道連れに親子心中を図る。これは家族のおのおのが「個」として自立していないからだ。身体的に繋がっているからだ。

今どきは家名を上げようとする殊勝な風潮は廃れたにせよ、家族を守ろうとする意識は相変わらず根強い。子供がなにか事件を起こしたとき、親たちが「うちの子に限ってそんなことはするはずがない」と言い張る光景はしばしば見受けられる。

われわれは家族を自分と同一視する。「身内」意識は逆転して排除する方向に働くこともある。家族の誰かが不祥事を働くと「家の恥」として閉め出す（昔は勘当した）。これも自分とは異なる人——家族といえども本来は他人のはずだ——のふるまいを「わがこと」として過剰に反応するからである。

「身内」意識の拡大

家族に見られた一体感は他のさまざまな身「内」（学校・職場・地域共同体など）にも程度の差はあれ見られることになる。自分の会社のことは「うちの会社」と呼び、よその会社のことは「〇〇会社さん」と敬語を使う。自分の社長は「うちの社長」、よその社長は「社長さん」。「ウチとソト」と敬語の使い分けについてはあとで詳しく取り上げる。

外国で飛行機が墜落すると、日本の報道機関は死亡者のなかに日本人がいないかどうかを真っ先に伝える。外国人の死亡者はまるで眼中にないかのように。おまけに死傷者の氏名まで公表する。欧米では考えられない事態だ。死亡とか病気とかはあくまでもプライベイトな問題である。他人には知られたくない、あるいはわざわざ知らせるべき筋合いのものではない。死傷者の氏名は伏せるべきものだ。これがプライバシーを尊重する欧米人の考え方である。だが日本人にとっては違うようだ。事故が起こると、見ず知らずの人も「身内」に感じられるのだろうか。

ご覧のとおり「内」の結束力は強い。ウチとソトをきっちり区別する。

では、「外」に対していかなる反応を示すのか。「外」は無視するのか。ところが、あにはからんや、日本人は自分の所属する集団の「外」の目を意識する。それは時に過敏ともいえる反応になる。「外」の人がどう見ているのか、「外」の人からどう思われているのか、それが行動の指針のすべてといえるケースも多々ある。「外」の目を意識しながら行動する——これが日本人の行動の基本にある（ヨソはまた別。「旅の恥はかき捨て」）。「内」に対しては敬語は使わないが、「外」に対しては敬語を使う。それも、過剰敬語が云々されるほどに気配りをしながら。

ここに「世間」というすぐれて日本的な問題が出てくる。

身内と世間

「世間」とはなにか。この問いをそのまま書名にした阿部謹也の本からその定義を引くことにする。

> 世間という言葉は「世の中」とほぼ同義で用いられるが、その実体はかなり狭いもので、社会と等置できるものではない。自分が関わりをもつ人々の関係の世界と、今後関わりをもつ可能性がある人々の関係の世界に過ぎないのである。自分が見たことも聞いたこともない人々のことはまったく入っていないのである。世間や世の中という場合、必ず何らかの形で自己の評価や感慨が吐露されていたのである。」（『「世間」とは何か』講談社（傍点引用者））

この定義には補足がいくつか必要だろう。

「自分が見たことも聞いたこともない人々」とは「よそ者」である。「内」と「外」の向こうに「よそ」の世界がある。ヨソは「親疎」の意識が働かない人びとの住まう世界である。それは必ずしも空間的な距離を意味しない。満員電車のなかで身を接している人びとは「よそ者」だ。敬語はもちろんのこと、言葉も交わさない、いわば「物」同然の存在だ。ソトは心理的な距離、離隔の意識である。だから、なにかの拍子に「よそ者」としての距離感がなくなることがある。たとえば車中で、向かいの席の客に「どちらへいらっしゃいますか」と声をかける場合である。敬語の使用はヨソからソトへの切り替えのサインである。

それではソトとウチを分かつものはなにか。

先ほどの「世間」に対する阿部の定義はゆるすぎる。「世間」から「身内」を除外しなければならない。言い換えれば世間とは〈身内を除いた、利害関係にある人間たちの批判的視線〉である。身内ではないけれども、それに準じて近い、身内を取り巻く集団。比喩的にいえば身「内」ではなくて身の「周縁」である。

ウチの敬語行動

ウチ／ソト／ヨソという空間把握は主観的なものである。

ウチでは敬語は使う必要はない。家族や友人同士で敬語を使えば、「水くさい」ということになる。しかし折り入ってものを頼むときは、たとえ親友であっても改まった言い方をしなければならない場合がある。その時は「ウチからソトへ」のシフトがある。「おい、おれの結婚式の司会を頼むぜ」ではなくて、「まことに申し訳ないが、ぼくの結婚式の司会をお願いできないかな」。敬語なんか使っていない夫婦の会話で、とつぜん妻が「そのことについては、よく考えさせていただきます」と切り出してきたら、夫は最悪の事態を覚悟しなければならない。「ウチからソトへ」とシフトするおそれがある。

「ウチとソト」の敬語の使い分けの基本はウチ(家族)のなかに見いだされる。家族のなかでは親族名や名前が使い分けられる。そこにはきちんとした原理(年齢差)が支配している。とりあえず年上を「上位者」、年下を「下位者」と呼ぶことにする。昔とは異なり、原則として現代敬語では家庭内では敬語を使う必要はない。しかし、親族名、名前、代名詞の使用は年齢の原理に従っている。上位者である親族には親族名を使わなければならない。

「私」の家族構成は年齢順に父の祖父、祖母、父(一郎)、母(春子)、兄(直樹)、姉(美佐子)、妹(道子)、弟(和夫)である。「私」は上位者を「おじいさん」「おばあさん」「お父さん」「お母さん」「兄さん」「姉さん」と呼ぶことができるが、妹と弟は親族名では呼べない。「道子」「和夫」と名前で呼ぶしかない。しかし、兄と姉に対しては「直樹」「美佐子」と名前で呼ぶことはできない。「直樹兄さん」「美佐子姉さん」は可能だが。また、上位者には対称(あなた)は使えない。しかし下位者には対称(おまえ)を使える。

「私」と妹・弟の関係で見たように、上位者は下位者を名前、対称で呼ぶことができる。たとえば祖父は自分の息子である父を「一郎」と呼ぶこともできるし、「おまえ」と呼ぶこともできる。祖父母の前で、父は妻(母)を「春子」と呼び捨てにするが、母は夫(父)を「一郎さん」と敬称で呼ぶ。祖父母を意識すると、母はこの家族のなかでは一時的にソトに位置づけられる。

祖父母と父母のあいだでは奇妙なシフト変換が見られる。(義)父、(義)母であったはずの祖父母を、息子（父）と娘（母）が自分の子供（祖父母から見て孫）に視点を定位して「おじいさん／おじいちゃん」「おばあさん／おばあちゃん」と呼ぶようになる。これは日本独特のスタンスだ。この視点がソトにも持ち込まれ、たとえば公園で会った男の子に「お兄ちゃん」（仮想の弟の視点）とか「ぼく（ちゃん）」（目の前の男の子の視点）とか呼びかける。

「自称」（一人称）にも原則がある。上位者は下位者に向かって自分のことを「おじいさん」「おばさん」「お父さん」「お母さん」「兄さん」「姉さん」と敬称で呼ぶが、下位者は上位者に対して親族名は使えない。「ぼく」「おれ」「わたし」「あたし」など代名詞を使わざるをえない。（鈴木孝夫『ことばと文化』岩波新書）

ご覧のとおり、家庭における人間関係の評定は年齢を軸にしたスタンスに基づいているが、このスタンスはソトに対しては変更を余儀なくされる。「家族の者」の待遇はソトに対しては普通語、ないしは謙譲語を原則とし、敬語はご法度。「身内ぼめ」になってしまうからだ。親族語は「祖父」「祖母」「父」「母」「兄」「姉」「妹」「弟」などを用いなければならない。時どき「父親」「母親」「親」という言い方をする人を見かけるが、これらの語には「へりくだり」の含意がないので、出来れば避けたいものである。

お父さんがよろしくとおっしゃっていました。（大学生の息子が父親の友人に）

これはまずい。次のように言い直さなければならない。

父がよろしくと申しておりました。

ウチとソトの使い分け

家庭内でのスタンスが職場にほぼ持ち込まれることになる。

上位者は下位者を職名、姓名、「あなた」「きみ」で呼ぶことができる。たとえば社長が部長に、

部長／吉田くん、きみ／あんたは明日の午後はあいとるかな。少々相談したいことがあるんだが。

会社では上位者を職名で呼ぶことができる。しかしながら、「あなた」とか「きみ」では呼べない。同位者と見なして差し支えないほど職階が近ければ、「さん」づけなら姓名で呼べないことはないけれども、微妙なケースもある。

次は、年齢の近い主任とその部下の会話。

――佐藤さん、お出かけですか。

――昼飯でも、と思って。

——主任、それなら私もお供しますよ。

対話の場合、敬語の使い分けの原則は一人称は謙譲語、二人称は尊敬語である。要するに、自分は低め相手は高めること。難しくなるのは、話題中の人物（第三者）がからんでくる場合である。

次は社外の人が会社に電話をかけてきたときの会話。話題の主《ぬし》である部長はその場に不在である。

⑴ ——部長さんはいらっしゃいますか。

——部長はただ今、外出しております。

——恐れ入りますが、部長さんがお戻りになりましたら、お電話（を）頂戴できますでしょうか。

——はい、かしこまりました。戻り次第、折り返し電話するように申し伝えます。

社外の人は「部長」に対して尊敬語、社員は「部長」に謙譲語・普通語を使っている。ウチとソトがきれいに使い分けられている。

次に、ウチとソトの使い分けでもう少し微妙なケースを俎上に載せよう。家人が会社に電話するケースである。

⑵ ——（人事課の）佐藤の家の者でございます。いつもお世話になっております。

――いいえ、こちらこそお世話になっております。
――恐縮ですが、佐藤／主人はおりますでしょうか。
――はい、いらっしゃいます。少々、お待ちください。

このタイプの会話のポイントは二つある。一つは、家人にとって会社はソトの世界だということ、もう一つは、応対する側にとって家人はソトの世界であるのは当然だが、いつもはウチとして待遇する同僚は家人の側に属し、ソトの人間として対応しなければならないということである。

(2)は全体に改まった会話になっている。「いつもお世話になっております」は「います」でも可。交換を通す場合は部局名を告げる必要がある。「家の者」は「家族」といってもいいかもしれないが、「者」を使えば丁重になる。「者」→「人」→「方」の順で敬意が高まる。接客場面では「係の人」よりは「係の者」というほうがへりくだった印象になる。

今時の若い女性には「主人」という言い方は抵抗があるかもしれない。姓でオーケーだが、むろん、たとえば「和樹はいますか」のように下の名前で言うのはご法度だ。母親か姉のような印象を与えてしまう。「佐藤の妻です／妻でございます」という言い方もある。「家の者」「家族」「妻」――うーん、どれにするか迷うところである。「佐藤／主人はおりますでしょうか」はもっとすっきりさせて「佐藤／主人をお願いします」という手もあるだろう。電話口に家族を呼び出すケースは、掛けるほうも受けるほうも意外と神経を使うものである。

今度はもう少し込み入ったケースを取り上げてみよう。

課長が社長室で直属の上司である部長の伝言を伝えている。

(3) 社長はただいま、お忙しいですか。田中部長が（社長に）緊急のご報告を申し上げたいとのことです。

組織の場合、職名・地位はそれだけで敬称になる場合がある。外部の人が使えば普通は単なる職名・地位である（敬称の場合は「さん」などを添える）。ここでは「社長」（あなた）は明らかに敬称である。「田中部長」（彼）は「部長」でも差し支えない。ここには敬意は込められていない。「部長の田中」とすれば敬称でないことがさらにはっきりする。

さて、ここでの問題は、課長が上司である「田中部長」について尊敬語——「緊急のご報告をなさりたいとのこと」——ではなくて、謙譲語——「緊急のご報告を申し上げたい」——を使っていることだ。その理由はなんだろうか。話し相手の社長を意識しているからだ。ここで尊敬語を使うと「田中部長」を高めてしまうことになり、「社長」に礼を失することになってしまう。

(3)のケースは「ウチ／ソト」の視点を導入すると、もっとすんなりと説明できる。要するに、社長はソトの人、部長はウチの人である。組織では職階が自分に近い方がウチ、遠い方がソトになる。その人がウチに属する場合は、謙譲語または普通語で対応するが、その人がソトに属する場合は尊敬語で対応する。ここで働いているのは、すでに家庭でも職場でも確認した「身内敬語」抑制の論理である。

(3)の事例は部長と課長のあいだが割に近いケースである。だから課長は部長をウチの人と見なすことができた。しかしもっと規模の大きな会社では、社長と部長が普通の社員にとって「雲の上の人」というようなケースも考えられる。言い換えれば、社長と部長はソトの人と待遇しなければならないケースだ。たとえば平の社員が部長に次のように言ったとする。

(4)　部長も、社長のご意向は存じあげていらっしゃるはずです。

(4)は前に話題にした「二方面敬語」である。話題中の社長にも、目の前の部長にも敬意を払っている。「存じあげる」は「知る」の謙譲語「存じる」よりもさらに敬意の高い謙譲語である（すでに指摘したように「存じる」は現在では単なる丁重語としても使われる）。「部長も、社長のご意向を存じあげている（はずです）」で部長の社長（補語）に対するへりくだり（謙譲）が示されている。しかし目の前の部長（主語）に対する敬意が伝わらない。そこで「存じあげている」を尊敬表現にしたのが(4)である。「いらっしゃる」の部分に社員（話し手）の課長に対する敬意が込められている（もちろん、最後の「です」にも平社員の部長に対する敬意が込められている）。

二方面敬語は敬語の奥深さを示して余すところがない。

誤用敬語のチェックポイント

誤用敬語を見つけだすチェックポイントは次の十箇条である。

【1】尊敬語と謙譲語を取り違えるな
【2】相手に謙譲語は使わない
【3】謙譲語を、尊敬語のように使わない
【4】「お（ご）～できます」は尊敬語ではない
【5】「お（ご）～される」は尊敬語ではない
【6】身内に尊敬語は使わない
【7】相手を高める謙譲語に要注意
【8】高める必要のないものには尊敬語は使わない
【9】二重敬語には要注意
【10】過剰敬語にも要注意

このチェックポイントを導きの糸にして以下の事例の間違いを考えてみよう。

【事例1】　資料は三階の閲覧室で拝見してください。

「拝見する」は謙譲語だから相手の動作には使えない。誤って使うと、相手を低めた言い方になり、失礼になる。

この種の誤用は、基本的な謙譲語をしっかり覚えていないことが原因だが、どういうわけか「拝〜」のタイプの謙譲語は尊敬語と勘違いする人が多い、ほんとうに。「拝」（おがむ）という感じのせいなのかもしれない。念のため「拝〜」の謙譲語を挙げておく。

拝見　拝借　拝読　拝受　拝察　拝顔　拝聴など

○「資料は三階の閲覧室でご覧になってください／ご覧ください。

【事例2】　ご面倒でもお帰りの節に、事務室で旅費をいただかれてください。

なんとなく尊敬表現のように思われるが、「いただく」は謙譲語だ。謙譲語に、尊敬の「れる」「られる」や「お」を付けても、尊敬語にはならない。尊敬語と謙譲語の違いをしっかりと理解していないせいである。敬語の大原則は「相手は高め、自分は低める」だ。生兵法は大怪我のもとである。

○ご面倒でもお帰りの節に、事務室で旅費をお受け取りください。

【事例3】　この商品は全国の弊社のチェーン店でお求めできます。

しばしば見かける誤用である。「お（ご）…できる」は、「私は、（あなたのために）～することができる」という意味の謙譲語。だから次の例のように、自分の側の動作のみに使うことができる。

この商品はご入用でしたら、すぐにご用意できます。

相手（客）には、尊敬語「お／ご～になる」の可能形の「お／ご～になれる」を使う必要がある。

○この商品は全国の弊社のチェーン店でお求めになれます。

【事例4】　特急電車にご乗車される場合には、乗車券のほかに座席指定券が必要になります。

「お／ご～される」は、「～される」という尊敬語に「お／ご」をつけた表現と思われるが、正しくない。「～する」の正しい尊敬表現は「お／ご～になる」である。この場合にふさわしいかどうかを脇に置けば「乗車される」という尊敬表現も可能だ（「お」がないことに注意）。

○特急電車にご乗車になる場合には、乗車券のほかに座席指定券が必要になります。

【事例5】（電話口で他社の人に）鈴木部長はただいま席を外していらっしゃいます。

自分や身内に尊敬語を使わないのは、敬語の基本だ。「身内」の範囲は家族であったり、社内の人間であったり、ケース・バイ・ケースである。

社内では上司に尊敬語を使っても、他社の人と話すときは自分の上司は身内だ。例文では、「いらっしゃる」という尊敬語が適切でない。おまけに、この場合「部長」という役職名が、敬称となってしまっている。それを避けるためには「部長の鈴木」とすればいい。あるいは「鈴木」と呼び捨てにしても差し支えない。

○（部長の）鈴木は、ただいま席を外しております。

【事例6】この用件は持ち帰って上司に申し上げます。

謙譲語のなかには、「相手を高める働きをしながら、自分をへりくだらせる」ものがある。たとえば、

伺う　存じ上げる　申し上げる　差し上げる　拝見する　いただく　お目にかかる　お目にかける

ご覧に入れる

このタイプの表現を使う場合には敬意の高い謙譲語となるので、うっかり聞き手の前で身内に使うと、「身内を高める」ことになってしまう。

「申し伝える」のような聞き手に対して自分を低めるだけの謙譲語であれば、話題の人物が身内でも問題がない。聞き手（他社の人）を高めるだけだからだ。

○この用件は持ち帰って上司に申し伝えます。

【事例7】　軽井沢は今、雪が降っていらっしゃいますか。

「いらっしゃる」は「いる」の尊敬語。「先生がこちらへ歩いていらっしゃる」のように使えば「先生」を高めることになる。「先生」は尊敬の対象にふさわしいので問題がない。ところが、ここは「降っている」のは「雪」である。「雪」は尊敬の対象とはなりえないので、尊敬語を使うのはおかしい。丁寧語だけでオーケーだ。

○軽井沢は今、雪が降っていますか。

【事例8】　お客さまは先ほどお帰りになられました。

問題となる二重敬語は、ほとんどが尊敬表現「れる」との重複だ。

おっしゃる＋れる↓おっしゃられる

お出かけになる＋れる↓おでかけになられる

例文は次のように直すとすっきりする。

○お客さまは先ほどお帰りになりました。

【事例9】　この料理をお召しあがりになられますか。

以前にも触れたが、「お召し上がりになる」は現在では許容されている二重敬語である。「召し上がる」だと敬意が低いと感じられるからだろうか。しかし、例文は尊敬語尾「れる」がさらに追加されて三重敬語になっている。これはもう明らかに過剰敬語以外のなにものでもない。すでに何度も指摘したように、尊敬語尾「れる」が過重敬語の元凶である。

○この料理をお召しあがりになりますか。

【事例10】　窓口でうかがってください。

「うかがう」は「聞く」「尋ねる」の謙譲語だ。相手はお客なのだから尊敬語を使わなければならない。敬意の順で言い換えれば次のようになる。

窓口で聞いてください。

窓口でお聞きください。

窓口でお聞きになってください。

なお、「お聞きしてください」は謙譲語なので不可である。

【事例11】 こちらがお客さまのお部屋でございます。どうぞごゆっくりしてくださいませ。

よく耳にする言い方だが、実をいえば誤用敬語だ。その理由は、「お（ご）…して」は、謙譲語だからだ。このままでは話し相手（お客さま）を低めてしまうことになる。

この間違いはどうして生まれるのか。敬意を高めたいという気持ちが裏目に出てしまったのだ。この言い方をする人は「ゆっくりしてください」（正しい言い方だ）では敬意が十分でないと判断したのだろう。それで、尊敬を表す接頭語「ご」を追加したのだ。ところが、その結果得られた「お／ご～して」は、謙譲語「お（ご）…する」の活用形の一つと同じものになってしまった。まさしく余計なお節介である。「お・ご」を取り去れば、敬意は落ちるが、誤用は避けられる。

どうぞゆっくりしてくださいませ。

敬意を保った正しい尊敬表現は次のようになる。

○どうぞごゆっくりなさってくださいませ。

【事例12】 お忘れ物をいたしませんよう、気をつけてお降りください。

鉄道やバスのなかでよく耳にするアナウンスである。よく考えてみると実におかしい。

「いたす」という言葉は「する」の謙譲語で、「私がお持ちいたします」のように、自分の行為に対して使うのが正しい。「する」の尊敬語は「なさる」だから、例文は次のように直さないといけない。

○お忘れ物をなさいませんよう、気をつけてお降りください。

【事例13】 本日はご来店いただきまして、ありがとうございます。

本当によく耳にする誤用敬語である。

「いただく」と「くださる」の使い分けはけっこう迷ってしまう。「いただく」は自分の行為に対して使う謙譲語なので、本来は相手の行為には使わない。相手の行為については尊敬語の「くださる」を使わなければならない。

○本日はご来店くださりまして、ありがとうございます。

第三章

書き方

❖ Ⅰ ❖ 日本語を書くということ

似て非なるもの――話すことと書くこと

敬語は話し言葉を体現している。聞き手とコンテクストを顧慮しながら話題を届ける。聞き手とコンテクストを「主観的に」評定しながら。それにひきかえ、書き言葉は読み手とコンテクストに対してある「距離」を取る。いわば身をひくのだ。話すことと書くことの違いはそのスタンスの違いに求められる。ミクロのスタンスか、マクロのスタンスか。「距離」を取るのか、取らないのか。受け手とコンテクストを当てにするのか、しないのか。

服装に見立てれば話し言葉は「カジュアル」であり、書き言葉は「フォーマル」である。話し言葉はラフで、自由だ。それにひきかえ書き言葉はいろいろとうるさい注文がつく。文章を書くとは公の席へ出ることなのである。

話し言葉では文法的＝形式的に不備な文でも大手を振ってまかり通る。曖昧な文、不完全な文、尻切れトンボの文、断片的な文など、なんでもござれだ。なぜこんな野放図やずさんさが許されるのか。話し言葉が即興的だからだ。その場かぎりのものだからだ。話し言葉が欠陥だらけの文の集まりだなんていうことは、それこそざらにある。このことは録音した談話を活字に起こしてみればすぐに分かることだ。

それではこんな不完全な表現で、どうしてコミュニケーションがとどこおりなく成立するのか。それはコンテクスト（発話場面）に大いに助けられているからだ。相手の顔の表情、身振り、発音の仕方など人は話すときにいろいろな言語以外の情報を利用している。日常会話では非言語的コミュニケーションが六五パーセントも占めるという研究報告もある。

こうしたコンテクストがもたらす話し言葉の恩恵を書き言葉は当てにできない。ここでは完結性と文法性が強く求められる。書き言葉は厳しい制約を課され、きちんとした文でなければならない。コンテクストが代弁してくれていたものを、いちいち言語に移し替える必要がある。たとえば会話なら「例の件、お流れさ」と言えばすむところを、文章では「せっかく苦労して立ち上げたあのプロジェクトは、社長の鶴の一声で取り止めになってしまった」ときちんと表現しなければならない。書くことに伴うおっくうさや煩わしさは、この余分な言語化のプロセスに対する抵抗感に由来する。

話し言葉と書き言葉は別のタイプの言語である。

日本語は非文法的か

漢字、かな、カタカナという世界でも類のない複雑な文字体系を擁する日本語の場合は、とりわけ話し言葉と書き言葉の乖離《かいり》を言いつのりたくなる。確かに日本語の場合は、英語やフランス語よりも両者のへだたりが大きいと言えるかもしれないが、それは、飽くまでも程度の問題にすぎない。本質的な問題ではない。

のちほど見るように、ヨーロッパ語の基準で判定すると、日本語はいろいろと文法的にルーズでアバウトな言語だ。こうした立ち位置から日本語を「非論理的」とか「非文法的」とか非難する人たちがいる。たとえば欧米かぶれの文化人である。

どの言語も固有の長所と短所を持ち合わせている。ヨーロッパ語と日本語の優劣を論じても、しょせん意味がない。日本語は確かに融通がきいて、取り扱いが楽な言語だが、その美点がかえって仇にもなる。日本語のゆるやかな文法に甘えて書けば、結果として曖昧で分かりにくい文章ができあがる。これは日本語が「非論理的」とか「非文法的」とかとはまったく次元の異なる問題だ。あくまでも言語使用者の心構えの問題である。さらにいえば、そうした言語を許容する文化の問題である。

フランス語は世界で一番「明晰な」言語であるという定評がある（本当だろうか）。だが、フランス人でも会話の場合はかなりいい加減な話し方をする。言い間違いや言い落としもする。なるほど日本語と比べると、コンテクストから自立した言い方はしているけれども。ただ、フランス人と日本人の決定的な違いは、書き言葉を使うときに顕著になる。フランス語は書き言葉ではきちんとした書き方を要求する。文法的に正しい、明晰なフランス語を書くようにフランス人は心がける。フランスの社会では曖昧な文章は許されないからだ。フランス語が論理的で明晰なのではない。フランス文化が論理性と明晰性をよしとするのである。

書き言葉は「外国語」である

日本人は日本語に甘えている。あるいは日本文化が日本人を甘えさせている。日本人どうしではきちんと言わなくても、言外の意味をくみとってもらえる。論理的にきっちりと表現すると、かえって「理屈ぽい」「理屈をこねる」と煙たがられる。言い切るのは野暮で、ほのめかすのが上品とされる。「余白」とか「余情」が高級であるという伝統が日本文化には脈々と底流している。「以心伝心」はその極致である。こういう「寡黙の」文化が可能だったのは、日本がぐるりを海に囲まれ、大陸と付かず離れずの地理的条件に恵まれて「一民族一言語一国家」の幻想を結べたからである。

だが現代では日本を取り巻く情勢も、日本も大きく変わりつつある。国際化の荒波はひたひたと押し寄せている。日本人はウチとソトに対して「分かってもらう」「理解してもらう」必要を痛切に感じるようになった。今までのような「甘え」は許されない。これからは「分からせる」「理解させる」努力をしっかりとしなければならないだろう。

日本語の書き言葉は話し言葉に寄りかかりすぎている。日本人は話すように書いている、あるいは話すように書こうとしている。そこからいろいろな戸惑いや不都合、混乱が生まれてくる。私はちっとも、日本語が非論理的だとも非文法的だとも考えていない。なるほど日本語は、油断すると曖昧な文章になりがちな「柔らかい」統語構造（構文）をもっている。しかしそれはちょっと注意すれば、難なく回避することができる問題だ。読みやすい、分かりやすい日本語を書けないのは、少しは日本語のせいかもしれないが、大部分は習慣（心構え）の問題だ。今いちばん必要なことは日本語への甘えを絶つことだ。

そこで私の提言。とりあえず日本語を「外国語」と見なすことにしよう。

読み手の身になって書く

日本語を「外国語」として捉え返すことは、作文術ではどういうかたちで問題になるのか。日本語的な発想をあらためることだ。具体的には「読み手」と「文」に対するスタンスを変えることである。

まず読み手の問題から考えることにしよう。

日本語の話し言葉はあまりにもコンテクスト（発話場面）にもたれかかっている。こうした甘えが出てくるのは聞き手を信頼し当てにしているからだ。それが書く場合にも持ち込まれて、とうぜん言葉で表現すべきことを飛ばしてしまう。言い落としても大丈夫だという油断がある。読み手を当てにしている。

しかし書き言葉では、そうした甘えは許されない。話し言葉ならコンテクストが提供してくれる情報も、いちいち言葉にしなければならない。つまり読み手を当てにしてはいけないのだ。分かってくれる、理解してくれると考えてはならないのだ。分かってもらえるように、理解してもらえるように、こちらできちんとお膳立てをととのえなければならない。読み手は自分の文章をどう読むだろうか。理解してくれるだろうか。自分の書いている文章を読者の目線で捉え返すこと、読者の身になって自分の文章を見直すことが必要である。

❖Ⅱ❖ 語順と読みやすさ

日本語は風呂敷である

すでに第一章で確認したように日本語は統語（構文）的にアバウトで、文の要素（文節）の抜き差しが自由である。だが、それだけにとどまらない。くわえて、日本語は風呂敷のように伸縮自在である。どんな大きさ、どんな形をした物でも包み込むことができる。スーツケースのようにどこにどのように収めればいいか、思いわずらう必要はない。どんどん放り込めばいい。風呂敷は物にあわせていかようにも形をあわせてくれる。風呂敷の融通無碍、それは日本語の語順に端的にみられる。日本語は語順がはなはだ自由だ。たとえば次の簡単な文を考えてみよう。

⑴　明日《あす》東京で正彦が栄子に会う。

⑴をシャフルしてみよう。

⑵　明日正彦が東京で栄子に会う。

⑶　東京で明日正彦が栄子に会う。
⑷　東京で正彦が明日栄子に会う。
⑸　栄子に明日東京で正彦が会う。
⑹　正彦が栄子に東京で明日会う。

日本語では述語（会う）は文末におかなければならないが、この最低条件さえ満たせば、それ以外の文の要素は原則として自由に動かすことができる。微妙なニュアンスの違いはあるにせよ、基本的には文の意味は変わらない。なんでこんな芸当が許されるのか。日本語には語と語の関係を明示してくれる助詞（いわゆる「てにをは」）があるからだ。「てにをは」が接着剤（膠《にかわ》）の働きをしている。

それでは、日本語には語順に関する規則はないのだろうか。あることはあるのだ。それはとても大まかな二つの規則である。

［1］　名詞・動詞・形容詞・形容動詞などの述語が文末に来る
［2］　修飾語が被修飾語の前に来る（「花／きれいな」は不可ということ）

日本語の自然な語順

絶対にクリヤーしなければならない語順の規則は前記の二規則だけだ。ほかに、「どうしてもというわけではないけれども、従ったほうがなにかと重宝ですよ」という「指針」がないことはない。それは「規則」といえるほど厳密・厳格ではないが、いちおう「読みやすさの規則」と呼ぶことにしよう。

この規則は適用に際して二つの場合が考えられる。

〔1〕文の要素（文節）間に長さのバラツキがない場合

〔2〕バラツキがある場合

バラツキがなければ、次の語順が日本語としてはいちばん据わりがいい。

①いつ　②どこで　③だれが　④だれに　⑤なにを　⑥どうした

先ほど挙げた⑴～⑹についていえば⑴の「明日東京で正彦が栄子に会う」が日本語としてはいちばん自然な語順ということになる。その次が、「いつ」が前に出ている⑵の「明日正彦が東京で花子に会う」だろう。ちなみに、①（時を表す状況補語）はどんな場合でも問題なく文頭に置くことができる（この事実は語順にうるさい英語、フランス語でもみられることは注目に値する）。あとで問題にする語順の規則に従えば、「今朝」はカッコ内の位置になるはずだが、文頭のほうが据わりがいいようである。

今朝《けさ》、事務所の窓の向かいに見える高層ビルの向こうに（、今朝）富士山が見える。

時の状況補語は文頭がお似合いである。

大きな状況から小さな状況へ

実をいえば、この自然な語順は日本語の発想の基本を反映している。日本語では年月や所番地を表記するとき、大きな単位からはいる。たとえば「×年×月×日」「×県×町×丁目×番地」。それに対してヨーロッパ語では逆になる。「×日×月×年」「×番地×通り×市」。ここに見られるように、日本語の発想は「大きな状況から小さな状況へ」である。この発想に従った表現はすんなりと頭に入ってくる。たとえば、

行《ゆ》く秋の大和《やまと》の国の薬師寺《やくしじ》の塔の上なる（上にある）一片《ひとひら》の雲（佐佐木信綱）

「の」のオンパレードだ。六つである。この和歌は九つの文節を六個の「の」でつなぐという力業

を演じている（ちなみに音節数を考慮しなければ「塔の上の一片の雲」も可能）。だが、その力業がちっとも力業にみえない。一筆画のようにごく自然にすらりと詠まれている。まず時が示され、場がしだいに絞り込まれていって——大和→薬師寺→塔——「一片の雲」に行き着く。日本語としてはごく自然な展開なので、これだけ「の」が連なってもまったく抵抗感がない（普通はノの連続は三つまでだ）。この発想は述語に絞り込んでいく統語構造やハの大きな括り方にも通う。とにかく、大きく括って「求心的」に絞り込んでいく。日本語表現ではこれを心がけると情報がすんなりと相手に届く。

⑴　地球のオゾン層の破壊が進む。→北極の氷が溶けはじめる。→日本の温暖化が著しい。

⑵　目に見えて季節は冬に向かう。→木枯らしが街路を吹き抜ける。→人びとが足早に家路を急ぐ。

「大きな状況から小さな状況へ」——このテクニックを有効に使うと読みやすい、分かりやすい日本語を書くことができる。

ここで、日本語の古層ともいえる昔話の冒頭を思い出してほしい。多くの話が「昔々ある所に」ではじまる。「桃太郎」の語り出しがまさにこれに従っている。「昔々あるところにおじいさんとおばあさんがありました。」「だれが」をさしおいて「いつ」と「どこで」が前に出ているのが面白い。主語の影の薄さ——ここに、日本語の特徴の一つが現れている。

ここで作文の重要なポイントを確認することができる。文の要素（文節）は長さのバラツキがない場合は、《①いつ②どこで③だれが④だれに⑤なにを⑥どうした》と並べるとよろしい。

文節間にバラツキのあるときの語順

それでは、文の要素（文節）の長さにバラツキがあるときはどうだろうか。この問題を考えるには日本語の統語構造（構文）を知らなければならない。結論を先にいっておけば、乾電池の配列にたとえると、ヨーロッパ語の文の流れは「直列接続」、日本語は「並列接続」である。別言すればヨーロッパ語は「硬い」構造をもち、日本語は「軟らかな」構造をもっている。

この点を明らかにするために今度は、さっきより複雑な文を例にとろう（以下、発想の問題が主眼であり、英語やフランス語の使用は控える。直訳体の日本語で代用する）。

(1) （彼は）／妻と／先週の日曜日に／月の名所として知られる桂浜を／訪れた。

(2) 月の名所として知られる桂浜を／先週の日曜日に／妻と／（彼は）／訪れた。

ご覧のとおり、(1)は文節が「短→長」へ、(2)は「長→短」へと並べた文である（この配列を選んだ理由はすぐに分かるはずだ）。

まずは、問題の日本語をヨーロッパ語に置き換えたときの統辞構造を図示すれば上図のようになる。

ヨーロッパ語の文の展開は「重要な役者ほど前に」の原則に従う。つまり、《主語→動詞→目的語

↓状況補語》の順番である。例文は《私は＋訪れた＋桂浜を》でいちおう完結している。あとは追加情報である。「桂浜」はどんなところかを説明したければ「月の名所として知られる」を追加する。この語群を「桂浜を」にぶら下

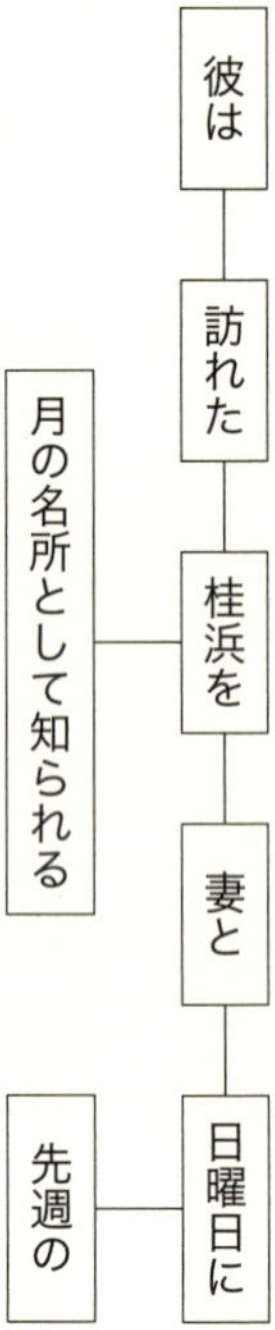

げたのは、それがあくまでも副回路であることを示したかったからだ。「誰と」が問題になれば「妻と」が追加される。「日曜日に」「先週の」についても同じ手順である。

　これは、発話者の発想のプロセスに即した説明である。しかし、実際に文章化するときは、分かりやすさや文体的配慮から「私は／訪れた／妻と／先週の日曜日に／月の名所として知られる桂浜を」となるはずだ。ヨーロッパ語の場合、文意をそこねないかぎり修飾語をともなう長い語群を後ろへ置いたほうが据わりがいいからだ（ちなみに日本語では逆になる。後述）。

　ご覧のようにヨーロッパ語の文の展開は、すでに知られている情報に新しい情報が次々と追加される形になる。すでに知られている情報をもとにして、文の流れがある程度読める（予測できる）展開になっている。もちろん、文の主役である主語と動詞は絶対にはずせない。ここに欠落が起こると文は成立しない（コミュニケーションの電灯はともらない）。文の展開は全体としては（副回路がぶら

さがった）まっすぐな一本の回路をたどることになる。ヨーロッパ語の文の展開は「直列接続」である。前に挙げた⑴と⑵の文は日本語では語順がいろいろになるが、語順にうるさいヨーロッパ語では一つの統語構造に収斂される。

では日本語の場合はどうだろうか。ヨーロッパ語の例にならって日本語の文の展開を図示すれば左のようになる。

ヨーロッパ語は語順がうるさいので、ほぼ一定した形に収まるが、日本語は語順が自由だから、バリエーションがありうる。したがって二通りの図示になった（もちろん、ほかにも幾通りもある）。すでに確認したように「訪れた」は述語であるから絶対に飛ばせない。しかし述語さえあれば、とり

⑴

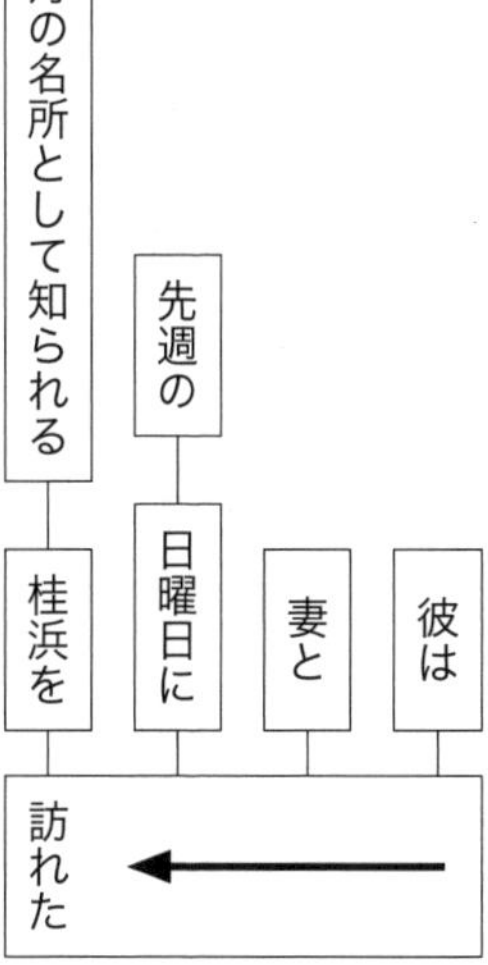

⑵

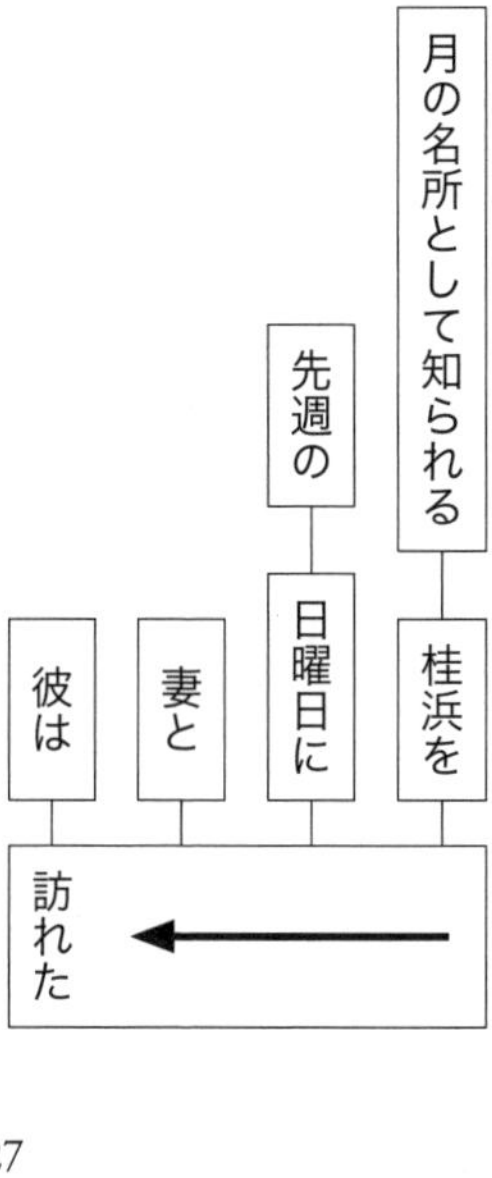

あえず日本語としては成立する。あとはコンテクスト次第。どの情報（文節）がどんな順序で展開するかはあまり問題にならない。つまり文の展開は予測できない。文末に来る「述語」以外はすべての情報は横並びだ。文の展開は「並列接続」になる。したがって、おのおのの情報のどれが落ちても述語さえ残れば文は成立する（コミュニカシヨンの電灯は点る）。

ヨーロッパ語は直列接続の「硬い」統語構造をもち、日本語は並列接続の「軟らかな」統語構造をもっている。ここで、あらためて日本語の二つの図を見比べていただきたい。興味深いことが明らかになる。⑴の図を見ればわかるように、短い文節が長い文節の前に出ると、長い文節がまるで衝立のように立ちはだかり、見通しが悪くなる。⑴に固執するなら、たとえば「彼は」の後や「先週の日曜日に」の後に読点を打つ必要があるだろう（後で見るように、読点は「遠くにかかる」というサインだ）。それにひきかえ、長い順に並べた⑵はたいへん見通しがよい。

この事実は重要な作文のテクニックを示唆する。特別の意図がないかぎり、日本語では「長い文節ほど前へ」の方針に従って書くべきだ。日本語では文節間にバラツキがある場合、「文節は長い順に並べる」という規則を適用すると、すんなりと読める文を書くことができる。この語順を「正しい語順」という意味を込めて「正順」と呼ぶことにしよう。これに反する語順を「逆の語順」という意味を込めて「逆順」と呼ぶことにする。「正順で書く」――簡単な規則だがその効能はめざましい。ぜひお試しあれ。あなたの文章が「劇的に」読みやすくなること請け合いである。

「文節は長い順に並べる」の効能を名文家の文章で確認していただこう。

もうひとり、夫が死んでしばらくのころ、ある日、ミラノの中心街で、ふと寄った菓子店のレジにいた女性を私は思い出した。買物をすませた私にその女性は、失礼ですけれどと夫の名を言って、私が彼の妻ではないかとたずねた。夫の勤務先の書店はそのすぐ近所だったので、その辺りで彼を知っている人は多かった。私がうなずくと、彼女の目はたちまち涙でいっぱいになった。まだお若かったのにあんなに急に亡くなるなんて、と彼女は言った。いい方でした。私はほんとうによくしていただいた。一度あなたにお目にかかってそれを言いたかった、と。老女と言ってよい年頃のその女性の言葉はどういうことか悲しみにあふれていて、私には思いがけなかった。どこかで心のよりどころにしていた人をうしなった女のせつなさをふと感じて私はほとんどとまどった。どんな経歴のひとだろう。夫はどんなことで彼女の相談にのってあげたのだろう。なぜか波風の多い過去を思わせるような、なにか裏側に生きたひとの匂いのする彼女の染めた髪を見ながら、私は考えた。（須賀敦子「チェデルナのミラノ、私のミラノ」『ミラノ霧の風景』白水社　傍線筆者）

いい文章である。

最初の文は逆順である。正順に直せば「もうひとり、夫が死んでしばらくのころミラノの中心街である日ふと寄った菓子店で」となって最初の読点は残るが他の読点は不用になる。また、最後の文はかなり長い文節が「並立」しているので「なぜか波風の多い過去を思わせるような、なにか裏側に生きたひとの匂いのする彼女」と読点で切れ目を入れて読みやすくしている。どちらも読点でうまく処理している（読点については後出）。

右の二文以外は、文節はほぼ長さの順に並べられているのですらすらと頭に入ってくる。文節間に長さのバラツキが見られる場合は、やはり長さの順に並べるのが自然なのだろう。二番目の「その女性は」を除いてすべて「主語の後出し」になっていることにも注意したい。

最近の日本語は英語、あるいは作文教育の影響か、「主語を文頭に」という傾向が見られるが、すでに検証したように日本語の主語は単なる補語にしかすぎないのだから、文頭にこだわるのは日本語の実態にはそぐわない。短い主語は「後出し」をすすめたい。こうすると主語と述語の関係がはっきりして読みやすくなる。特に例文のように息の長い文の場合はなおさらである。

ところで、問題にしたいのは二番目の文の「その女性は」である。これは「後出し」にして「とその女性はたずねた」としてもいいだろう。しかしここは、むしろこのままのほうが正解だ。語順の問題を考えるとき、「長さ」はとても大切で最優先すべき要件だが、もう一つ「関連性」という目安も考慮する必要があるのだ。あくまでも補助的な第二規則として。前の文の「女性」を受けているのだから、関連性を考えてなるべく近づける（文頭に出す手もあったはずだが、「買物をすませた私に」との釣り合いを考えて後置したのだろう）。

この二つの規則は別にどちらを先にするか、決まっているわけではない。おすすめはまず「長さ」の規則、つぎに「関連性」の規則を適用することである。

ここまでの説明から、文節間にバラツキがある場合、「読みやすさ、分かりやすさ」の語順規則として次の二つを取り出すことができた。

［1］　文節は長い順に並べる
［2］　関連のある文節は近づける

この二つの規則、特に第一規則に注意すると、文は驚くほど読みやすく、分かりやすくなる。

❖Ⅲ❖ 読点の打ち方

正順は読点を必要としない

語順の重要性がお分かりいただけただろうか。実は、これから取り上げる読点は語順と深い関係を取り結んでいる。たとえば語順を変えれば、読点が必要になる場合がある。語順によっては読点がまったく不用な場合もある。語順と読点は切っても切れない関係にある。

話の見通しをよくするために、はじめに読点の規則を挙げておく。次の二つである。

[1] 短い文節が前に出たときは、その直後に打つ

[2] ほぼ同じ長さの比較的大きな文節が「並立」するときは、その中間に打つ

読点の二つの規則を確認するために、まずは次の文章を読んでいただきたい。

(A) よく言われるようにキリスト教と科学主義は通底関係にある。キリスト教的終末論に見られる神による救済史的摂理を科学的進歩の観念に置き換えると神の国の代わりに理性の国が君臨する

近代的進歩史観になる。「歴史は人間が作るもの」というヨーロッパ的構築的歴史観がこの史観の確立に大きな役割を果たした。人類や歴史や社会は日々進歩するとごく当たり前のようにわれわれ現代人は信じて疑わないがこれは科学や技術の「進歩」がもたらした思想であり「昔はよかった」とか「歴史は繰り返す」とかという歴史観のほうがむしろ世界史的には普通だったのである。（作例野内）

ご覧のとおり、けっこう長い文である。おまけに読点はいっさいなし。でも、読んだ感じはどうだろうか。述べられている内容の当否はともかくとして、文章自体は意外とすらすらと頭に入ってくるのではないだろうか。なぜか。文節の長さに注目してもう一度読み直してほしい。長い文節から短い文節への語順がきれいに守られている。この語順に従う限り基本的には読点は不要だ。なくても読みづらいことはない。ただし、文節がかなり長くなったときは、その後に読点を打ったほうが読みやすくなることは確かだ。たとえば上の文章に読点を打つと、次のようになるだろう。

（B）　よく言われるようにキリスト教と科学主義は通底関係にある。キリスト教的終末論に見られる神による救済史的摂理を（、）科学的進歩の観念に置き換えると、「神の国の代わりに理性の国が君臨する近代的進歩史観になる。「歴史は人間が作るもの」というヨーロッパ的構築的歴史観が（、）この史観の確立に大きな役割を果たした。人類や歴史や社会は日々進歩すると、「ごく当たり前のようにわれわれ現代人は信じて疑わないが、「これは科学や技術の「進歩」がもたらした思想であり、「昔はよかった」とか「歴史は繰り返す」とかという歴史観のほうが（、）むしろ世界史的には普通だったのである。

カッコ内の読点は逆順ではないし、長さもバラツキがあるので打たなくてもいいのだが、長い文の要素の後で読点を打つこと自体は文を読みやすくする。傍線を引いた読点については、先ほど挙げた読点規則の［2］の適用である。「ほぼ同じ長さの比較的大きな文節が「並立」するときは、その中間に打つ」。これは文節間にバラツキがない場合に取るべき対応だ。「かなり長い」文節が「並立」するときは、読点を打つことをお勧めする。とても文が読みやすくなる。

逆順は読点を要求する

文章（B）の前半部の語順を変えて次のように書き直してみる。

（C）よく言われるようにキリスト教と科学主義は通底関係にある。科学的進歩の観念にキリスト教的終末論に見られる神による救済史的摂理を置き換えると、神の国の代わりに理性の国が君臨する近代的進歩史観になる。この史観の確立に「歴史は人間が作るもの」というヨーロッパ的構築的歴史観が大きな役割を果たした。

ご覧のとおり、傍線部の文節が前に出たため（C）は逆順になってしまった。このままでは読みにくい。ここはどうしても読点の助けを借りたい。傍線部の最後に読点を打つ必要があるだろう。読点は文に切れ目を入れる。修飾関係にある場合は、読点の前の部分は次の文節を飛び越して遠くへかかっていくことになる。読点は「遠くへかかっていく」というサインである。読点が来ると文はそこでいったん切れて、軽いポーズが置かれる感じになる。筆者が思いを込めて打つ「強調の読点」はこの効果を利用している。

街の財産、でもある。〈積水ハウス、一九八九年〉（岩崎俊一『幸福を見つめるコピー』東急エージェンシー）

後輩が文句を言えないのをいいことに、ひどいことばかりしている。というより、ひどいことを、｜したい。（重松清『十字架』講談社）

読点の規則を改めて確認しておこう。

［1］　短い文節が前に出たときは、その直後に打つ
［2］　ほぼ同じ長さの比較的大きな文節が「並立」するときは、その中間に打つ

要するに、［1］は文節間にバラツキのある場合の規則で、「逆順」になると読点の助けを借りないと文が読みづらくなるということ、［2］は文節間にバラツキがない場合の規則で、長い文節が「並立」するときは読点を打つと読みやすくなるということを述べている。［2］は読点を打たなくてもそれほど重大な支障は招かないが、［1］については読点を打たないと致命的な障害が生じ、時には誤読を誘うようなケースも出てくる。結果だけ見れば確かに［1］のほうが重要な規則ということになるが、そもそもこの規則のお世話にならないことをまずは心がけるべきだ。逆順の文を書かないことが、読みやすい、分かりやすい文を書くコツになる。狙い目は正順の文を書くことである。

読点を打つ目安

先ほど挙げた二つの読点規則は、かなり自由裁量の余地を残す「ゆるい」規則である。バラツキの少ない短い文節間では逆順になってもそれほど読みにくいということはないし、「並立」の規則についても「比較的大きな文節」の受けとめ方は人によって異なる。読点の打ち方はかなり幅がある。多めに打つか少なめに打つか、それは人それぞれだろう。読点は打つべきところと、打ってはならない

ところさえきっちり押さえておけば、あとは書き手の自由裁量に任される。先ほど言及した「強調の読点」もある。読点はかなり自由に打ってもよろしい。もっとも、「自由裁量に任される」と突き放されても困るという読者もきっといるはず。そんな読者のためにここまで問題にした二つの「規則」のほかに、読点を打つための実際的な目安を示しておこう。

［1］長い語群の後で——正順なので打つ必要はないのだが、打てば読みやすくなる。たとえば長い主語だとか、「～ので」「～したとき」「～して」などの後で

［2］「並立」関係に置かれた名詞、動詞、形容語の切れ目に——「平和、幸福、安心」、「花の都、パリ」、「しとやかな、うつくしい女性」、「飲み、食い、踊る」

［3］倒置法が使われたとき——「来たぞ、あいつが」

［4］漢字あるいは平仮名ばかりが続いて読みにくいとき——「それはいったい、なぜなのか分からない」

［5］助詞が省略されたり、感動詞が使われたりしたとき——「おれ、やるよ」、「まあ、そんなところさ」

［6］文全体にかかる副詞の後——たとえば「多分」、「恐らく」、「事実」、「無論」、「確かに」、「ただ」など

［7］「～、と言う／と驚く」や「～、というような」といった引用や説明を表わす「と」の前で
（後に打つ場合もある）

［8］「しかし」、「そして」、「ただし」など接続詞の後

❖Ⅳ❖ ハとガの問題

ハは円、ガは矢印

私たちはふだん話したり書いたりしているとき、ハとガの使い分けに特に迷うことはない。ごく自然に使い分けている。日本人ならそれは当然のことだ。だが、書いているとき、ふとハとガの使い分けに迷うことがある。ハで読み直してみたり、ガで読み直してみたり。でも決め手が見つからない。そのとき私たちは、はたと当惑せざるをえない。この両者を使い分ける判断基準を持ち合わせていないことを思い知らされるからだ。こんな基本的なことも知らなかったことに愕然とする。皆さん、こんな経験はありませんか。

ハとガの使い分けの原則はいったいあるのか。あるとすれば、それは何なのか。すでに私は、日本語はコンテクストに依存する言語であると指摘した。まさにハとガの使い分けは、その日本語の性格を体現している。ハの問題が日本語の本質に深く関わっていることは間違いない。

ハとガの問題は次のように要約することができる。ハはまずある範囲を限り、次いでその中のメンバー（人／物）のふるまい（どうするか／どうなるか）を追いかける。それに対してガはストレートに動作主を特定する。ハは円であり、ガは矢印である。ハはズームアウトであり、ガはズームインである。

ハとガの使い分け

日本語の主格は主にハとガで表現される。ハのほうが頻出度が高い。なぜだろうか。発話というものは知っていること（既知情報）に知らないこと（新情報）を加えるのが普通だからだ。知らないことから切り出されたら相手はとまどってしまう。実はこの「既知情報」と「新情報」にハとガがそれぞれ対応している。ハは既知情報を、ガは新情報を伝える。これが基本的な確認である。

「既知情報」と「新情報」は広くとってほしい。既知情報はすでに話題になった事柄にとどまらず、暗黙の了解事項、コンテクストが発信する情報なども含む。新情報はそこまで知られていなかった話題に限らず、既知情報でも発話者の判断で「情報的価値」を付与されたものは「新」と判断される。たとえば既知情報と思われていたヒト、モノ、コトが意外な所作・展開を見せた場合である。

ハとガの働きを検証するために、普段の会話を考えてみよう。

相識のAとBがいるとする。ひさしぶりに会って、ホテルの喫茶室で話している。どういうふうに話が展開するだろうか。未知な人間どうしでないかぎり、話の切っかけはたいていは両者にとって共通の話題からはじまる。たとえば「天気はいいですね」「あの件はどうなりました」「体調はいかがですか」「その後はどうしていました」「ご家族はお元気ですか」とか。ふだんの会話が——手紙でもそうだが——当たり障りのない挨拶ではじまることが多いのは、話の切っかけをつかむためだ。大きな「円」を描いて、まず発話場面を設定するわけである。

そのあとの話（文）の展開は情報という観点からすると、三つの組合わせが考えられる（既知情報だけの文は「確認」という含意はあるが、情報的には意味がないので除外する）。

［1］既知情報＋新情報

［2］新情報＋既知情報

［3］新情報＋新情報

ふだんの会話では［1］のタイプがだんぜん多い。たとえば「私は転職しました」とAが言う。「目の前にいる」私だから既知情報だという軽い含みのこともあるし、「私についていえば」というもっと強い含みが込められている場合もある。いずれにしても、このハには「主題化」の働きが見られる。言い換えれば「自分以外の人」（Bも含まれる）と対比しながら「私」を問題にしている。

ハには選択的主題化の働きがある。ここでの関心はその「私」が「どうするのか」「どうなるのか」だ。ハはその後に知りたい情報が来る（「犯人は誰ですか」という疑問文を考えること）。この場合、新情報は「転職しました」だ。《ハ＋新情報》というわけである。たとえてみればハは大きく円を描き、円内のメンバーのふるまいを追いかける。

会話は続く。今度は［2］の「新情報＋既知情報」の文型が問題になる。「誰かが反対すること」は当然の成り行きと考えて、Bが「奥さんが反対されたでしょ」とたずねる。するとAさんが答える。「ええ、妻が大反対でした」と。ここでは「奥さん」が新情報である。ガはその前に知りたい情報が来る（「誰が犯人ですか」という疑問文を考えること）。《新情報＋ガ》というわけである。たとえてみればガは矢である。ズームインのスタンスである。さらにたとえれば、それまで暗かったステージのある一角に一条のスポットライトが当てられるようなものだ。排他的特定化である。特定された部分以外はカットされる。

「新情報＋ガ＋既知情報」は「新情報」が先に出るので場合によっては唐突な感じがして、据わりが悪いことがある。「山田太郎氏が理事長です。」それを避けるには「＋既知情報」（見えにくい形の主題）をハではっきり主題化して［1］の文型に書き直すことだ。「理事長は山田太郎氏です。」この書き換えはけっこう使える。たとえば、次の二文を比べてほしい。どちらが読みやすいだろうか。

(1)　正月や盆に父の親戚が私の家におおぜい集まるのがとてもうれしかった。

(2)　とてもうれしかったのは、正月や盆に父の親戚が私の家におおぜい集まることだった。

(1)は話題（主題）がなにか落としどころがはっきりしないのでいらいらする。それに対して(2)はなにが話題（主題）かがあらかじめ提示されるのですっきりする。「A（新情報）がB（既知情報）である」は「BはAである」と書き換えると安定する。特にA（新情報）が長い場合はこの書き換えは有効だ。この点に関してもう少し込み入った文章で確認しておこう。

(1) 欧米において一九世紀後半に誕生し、二〇世紀前半にその頂点に達した近代企業の考え方を、一九五〇年代から六〇年代にかけて取り入れ、完成した制度が、日本的終身雇用である。

(2) 自分たちの紹介する新しい機械や知識に知識人だけでなく幅広く庶民までが貪欲な好奇心を示したことが、幕末から明治の初めに日本にやってきたヨーロッパ人が非常に驚いたことであった。

どちらの文も主題がなかなか出てこないので、いらいら感がつのる。なるほど、そのお蔭で強調の効果はある。ただ、芸術文ならいざ知らず、実用文としてはやはりまどろっこしい印象が否めない。次のように書き換えたらどうだろうか。ずいぶん印象が違ってくるはずだ。

(1)* 日本的終身雇用は、欧米において一九世紀後半に誕生し、二〇世紀前半にその頂点に達した近代企業の考え方を、一九五〇年代から六〇年代にかけて取り入れ、完成した制度である。

(2)* 幕末から明治の初めに日本にやって来たヨーロッパ人が非常に驚いたことは、自分たちの紹介する新しい機械や知識に知識人だけでなく幅広く庶民までが貪欲な好奇心を示したことであった。

ハとガのスタンス

ハとガの使い分けのポイントは「選択的対比」か「排他的特定」かである。しかし問題の情報を「既知」と見るか「新」と見るかは発話者の判断による。つまり、ハとガの使い分けは文法的な問題（義務）ではなくて、使う人のスタンスの問題（選択）ということである。

それでは、ハとガでスタンスにどんな違いが見られるのか。ハは対象から「引く」スタンス、ガは対象に「近づく」スタンスである。ハはマクロの視点であり、ガはミクロの視点である。したがってハよりはガのほうがインパクトが強い。ガは動作主（とその振る舞い）に焦点を絞る。主語が前景化するときが、ガの出番である。ガは程度の違いこそあるが、必ず意外性をともなう。

くだんの会話はさらに続く。Aがこんなことを言いだす。「ところが、妻の両親が私を応援してくれましてね。」この発言（文）は今までのものとはタイプが違う。［3］の「新情報＋新情報」である。「両親」も「私を応援してくれた」も新情報である。これはBにとっては意外な話の展開だ。こういった新情報だけからなる発話（文）はインパクトが強すぎてふだんの会話では珍しい。今の例では「ところが」という逆接の接続詞がその意外性を伝えている。

要するにガはハにはない文体的効果が認められる。その効果を言葉にすれば「あれ、おや、あれあれ、おやおや」だろうか。ガは動作主を目立たさせる。だから、旧情報・新情報に関係なく聞き手（読者）の関心を動作主に向けさせるときはガが出てくる。いちばん実際的な対応は、ハを予想しているときにガが出てきたら、そのガは特別なガだと考えることである。

ガの用法はほとんどの場合「排他的特定」で説明できるのだが、ただ一つ例外がある。専門家が「現象文」とか「眼前描写」とか「中立叙述」と呼んでいる用法である。

主な用法を挙げれば、

この町には古い寺がある。彼には三人の子供がいる。（存在文）
雪が降り出した。日が昇る。（自然現象）
気持ちがいい。熱が出る。（感覚生理現象）
音楽が好きだ。コーヒーが飲みたい。（情意現象）
星が見える。窓が開く。（自発現象）

ただ、この現象文と［3］の「新情報＋新情報」とは重なりあう部分がある。というよりか、現象文は［3］のおとなしいバージョンと言えるかもしれない。このことを確認するために、AとBの会話をさらに追いかけてみよう。

Aがどういうふうに奥さんの両親が自分を応援してくれたかを話し終えたとき、Aが喫茶室の窓のほうにふと目をやった。そしてこう言った。「あれ、雨が降っている。」Bも「ほんとだ、雨が降っている」と答える。この「が」は強い。発話の場合ならアクセントが置かれる。［3］の「新情報＋新情報」である。

ハとガの使い分けは以上のとおりである。そのチェック・ポイントは次の五つにまとめられる。

	提示	取り立て	情報	コンテクスト	スタンス
ハ	主題	対比的	既知	依存的	マクロ的
ガ	無題	排他的	新	自立的	ミクロ的

ハとガの使い分けを検討するときは、この五つのポイントに注目すればよい。どれが決め手になるかはケース・バイ・ケースである。

ハは遠くまで支配する

ここまではガと競合するハをみてきた。この対照があまりにも鮮明すぎるのだろうか、ハは主語の働きしかしないと思っている人が少なくない。それはとんでもない誤解というものだ。いろいろな助詞を兼務できる。

(1) 夢は｜いつまでも持ち続けなさい。（ヲ）

(2) アメリカは|行ったことがない。（ニ／ヘ）
(3) お金は|この不幸を救えない。（デ）
(4) 東京は人口が多い。（ノ）

ハはいろいろな助詞に姿を変えるだけではない。ハは大きく遠くへかかることができる。次のハが出てこないかぎり、その支配力は生きつづける（可能性がある）。支配圏の大きさ、この点がハとガの根本的な違いである。ハは大きくかかり、ガは小さくかかる。ガはいちばん近くの述語に掛かり、その支配力は消える。

たとえば夏目漱石の『吾輩は猫である』の冒頭。

吾輩は猫である。名前はまだ無い。
どこで生れたか頓《とん》と見当がつかぬ。何でも薄暗いじめじめした所でニャーニャー泣いていた事だけは記憶している。

最初の文の「吾輩は」は後続する三つの文を支配している――「吾輩ノ名前は…」「吾輩ハどこで生れたか…」「吾輩ハ何でも…」。このハの支配力の強さを知らない人が意外に多い。ハは読点はもとより、文を越えて遠くにかかっていく。ハの「読点越え」「文越え」の支配力に留意すると、文章の読解が深まること請け合いである。

ハの「読点越え」「文越え」は文章を読みにくく、分かりにくくする。ハは「ゆるい」係りである。言い換えればハのあとではいったん「軽く切れる」。切れたあとハの力は遠くまで持続するので、いろいろな文の要素をくわえこんで先へ先へと進むことができる。

開港と各国との関係樹立は、とりもなおさず、通詞の活動すべき範囲を大きく変えることとなった。そして、その活動の領域・質の変化は、通詞にもはやオランダ語だけでは通訳・翻訳としての限界があることをはっきりと認識させることとなった。また、通詞の集団が限られた人数であったからこそ、長崎という限定された貿易の場で得ることのできた利益や、独自に特権を認められた彼らの生き方にも、大きく変動を迫ることとなっていった。（木村直樹『〈通訳〉たちの幕末維新』吉川弘文館）

「活動の領域・質の変化は」は「認識させることとなった」にかかると同時に、文を越えた「迫ることとなっていった」をも支配している。

もう少し微妙な例を紹介しよう。

錬金術には幾つかの段階がある。

まず初めに錬金術は、エジプト以来の金属精錬技術がヘルメス主義やグノーシス主義などギリシア的神秘思想の影響を受けて誕生した。次いで、いったん紀元後六世紀頃にアラビアに伝わり、一三世紀頃にヨーロッパに逆輸入され、ルネサンス期に最盛期を迎えた。その後一七世紀後半に、近代科学の確立とともに歴史の舞台から退場することになった。（作例野内）

例文はハとガの支配圏の違いをよく示している。「金属精錬技術が」のガは「神秘思想の影響を受けて」とかかるが、その後の「誕生した」は「錬金術は」と呼応している。これで驚いてはいけない。傍点を付した主語は読点を越え、文を越え、文章末まで、「退場することになった」まで生きているのだ。

不用意なハの使用は長文（悪文）の温床になる。しかし、ハの支配力をきちんと抑えさえすれば、かなり込み入った文章でもとまどうことはない。くれぐれもハの支配力には注意しよう。

ということで問題を一つ。次の文は多層的な構文（入れ子構造）で、分かりにくい。主語―述語関係に注意して読みやすい文に書き換えなさい。

私は達也が明子が和彦を愛しているのを嫉妬していることを知っている。

「主語と述語は近づける」という方針でのぞめばいい。「ハは遠くへかかる」「ガは近くの述語にかかる」を想い起こそう。すると、次のような三組の主語―述語関係が取り出せる。

(1) 私は（…）知っている
(2) 達也が（…）嫉妬している
(3) 明子が和彦を愛している

これらを「主語と述語は近づける」に従って書き換えればいい。

《明子が和彦を愛しているのを達也が嫉妬していることを私は知っている。》

❖Ｖ❖ 短文は悪文の特効薬

文で考えるということ

達意の実用文という観点からここまで「語順」、「読点」、「ハとガ」と順番に見てきたが、達意の文といえば、どの文章指南書でも判で押したように繰り返されるスローガンがある。「短文を書け」だ。このスローガンが呼号されるということは、裏を返せば、短文を書くことが実際にはなかなか実行されていないということだろう。

ところで、「短文」とはどのくらいの長さの文をいうのだろうか。それがはっきりしないと、議論が空回りするおそれがある。ここで、その定義をくだすことにしよう。本書では、以下「短文」という場合は次の条項をすべて満たしている文のことを指す。

［1］ 長さは句読点込みで上限、五〇字から六〇字
［2］ 「～するとき」「～だから」「～だけれども」「～が」など従属節（副詞節）は一つまで
［3］ 「～し（て）、」「～で」などの中止法（後述）は一つ（せめて二つ）まで

[4] 長い修飾句（形容詞節）は含まない

この四条件を満たさない文を本書は「長文」と見なすことにする。するとどうだろう、世の中には「長文」がはなはだ多いことになる。どうしてそういうことになるのか。文を短くすることなど、いとも簡単にできるような気がする。だが、事実はどうもそうではないらしい。どうしてなのか。その理由を考えるために「文」が生まれるプロセスをすこし観察してみよう。

文章を書こうとするとき、さまざまな想念が頭の中を去来する。最初は漠然としていた想念がしだいに形を取りはじめる。そうして、ある瞬間からその想念を言葉で言い表したいと思うようになる。想念は切れ目のない流れだ。そこに切れ目（節目）を入れると「文」が生まれる。

「文で考える」というのは思考の流れに切れ目を入れることだ。最初は大まかな切れ目しか入れることができない。そう考えると、長い文はごく自然な結果なのかもしれない。このことは文章を書き慣れない人の場合を考えればすぐに合点がいく。たとえば学生の提出するレポートや答案は文がやたらに長い。長いというよりはだらだらしていると言うべきか。短い文に出会うことは滅多にない。

「文」を書くということは「選択」である。語（内容）と構文（形式）という二つの軸上の選択の結果として「文」が紡ぎ出される。どの構文を選ぶか、どの語を選ぶか。この選択がきちんとしていれば短い文が切り取れる。選択がはっきりしないと「語」が重なり「構文」が並立する。その結果は長い文となる。つまり短い文を書くには「ふんぎり」が求められる。この「ふんぎり」がなかなかつかない。だが、気に病む必要は毛頭ない。はじめから気張って短い文を書こうとせず、自分のペースで書くことを考える。「長い文を書くのは当たり前、あとで推敲のときに大鉈を振るえばいい」——そんな軽いフットワークもこのさい必要ではないか。

悪文とは

「敵を知り己を知れば百戦殆《あや》うからず」という名言もある。短文を書くためにはまず長文のカラクリを知らなければならない。ということで以下、長文について思いをめぐらすことにしよう。

長文は必ずしも「悪文」と決めつけることはできない。長文でもすばらしい文はある。それではなにをもって悪文と判定するのか。岩淵悦太郎は次の四つのタイプを挙げている（『新版　悪文』日本評論社）。

⑴　分かりにくい文章
⑵　誤解される文章
⑶　堅すぎる文章

⑷　混乱した文章

妥当な腑分けだろう。共通して言えるのは、悪文を書く人は読者への気配りが欠けていることだ。すでに別の文脈で「読者の身になって書こう」とお勧めしたが、悪文を避けるためにも是非このモットーを実行していただきたい。読者の目線を意識することは作文術の基本的なエチケットである。

それでは、悪文（長文）はどう仕立て直したらいいのか。その方略は次の四つにまとめられる。

［1］曖昧な「が」はやめる（必要なら接続語を補う）
［2］中止法はやめる（二度までなら可）
［3］長い従属節（副詞節）は指示語や接続語を使って独立した文にする
［4］長い修飾語（形容詞節）は被修飾語の名詞を主語にして新しい文にする

「長文解体法」をマスターすれば、人の文章を直せるだけではなくて、自分が書いた悪文も直すことができる。実際に文章を書いてみれば分かることだが、はじめから短文を書くのは結構しんどい。草稿の段階では短文をあまり意識せずに、どんどん書き進めたほうがいい。文章には勢いというものがある。その勢いを殺《そ》がないほうが得策だ。推敲の段階で、ゆっくり長文を「剪定」すればすむことだ。そのためにも長文解体法の定石をしっかりとマスターすることが求められる。

曖昧なガを警戒しよう

長い文をつくる元凶の一つに接続語の「が」(以下「が、」と表記)があることはよく知られている。確かに「が、」はお手軽な接続語である。ただ、すべての「が、」を目の敵にする必要はない。問題のない「が、」もあるからだ。この際「が、」の用法をきっちりと押さえることにしよう。

「が、」には主に四つの用法がある。

(1) 逆接関係を表す──「頑張ったが、だめだった。」

(2) 二つの文をとりあえずつなぐ──「昨日は都心に久しぶりに出たが、レストランで食事をした。」

(3) 前置き=予告を表す──「このことはよく知られていることだが、あのデパートは店員の対応がいい。」

(4) 補足的説明をする──「あの女優は、「恋多き女性」ともっぱら評判だが、またしてもさる実業家との浮気が取り沙汰されている。」

(3)と(4)の用法はべつだん問題はない。(4)はダッシュあるいはカッコではさむとより効果的かもしれない。問題は(1)と(2)の用法だ。(1)の「が、」が本来の用法である。「のに」「けれども」を含意するが、「逆接」関係を明示しないので、無規定的で曖昧な(2)の用法とまぎらわしい。(1)の用法であれば「頑張ったが、しかしだめだった」と「逆接」の観念をはっきりさせる必要がある。⑵の場合であれば「昨日は都心に久しぶりに出たので、レストランで食事をした」と「因果関係」を明示すべきだ。

要するに因果・論理関係をうやむやにしてしまう「が、」の使用をやめるということだ。このタイプの「が、」が文を長く曖昧にする元凶である。⑶と⑷の「が、」は遠慮なく使って差し支えない（曖昧な「が、」については他の長文の犯人とからめて問題にする）。

中止法は二度まで

中止法は動詞・形容詞・形容動詞を連用形にしていったん文を止め、さらに文をつづけていく用法である（連用形は動詞なら「ます」、形容詞・形容動詞なら「て」「で」「と（して）」がつく活用形と思えばいい）。たとえば、

観客は笑い、泣き、喜んだ。（動詞）
空は青く、深い。（形容詞）
彼ははつらつとして、勇敢で、大胆だ。

ただし、長文との関係が問題なので、ここでは中止法を広くとって「〜て」「〜で」「〜ので」という形も含めることにする。

むすんで　ひらいて　手をうって

風が強くて、冷たいので、外出するのがおっくうだ。

中止法を使えば文はいくらでも長くなる。しかし、中止法を使った文がいつも読みにくかったり、分かりにくかったりするかというと、そうとばかりは言い切れない。出来事の流れを時系列に従って記述する場合は、いくら中止法を使っても分かりにくくはない。ただし、これが許されるのは語られる内容が単純な場合——出来事や行動、風景などの描写——に限られる。少し込み入った内容になると、とたんに読みづらくなる。中止法は一文中に二回までにとどめるのが望ましい。中止法が多用された文の仕立て直しは、まあ簡単と言える。ただ切る、そして必要なら指示語や接続語を補えばいい。たとえば、傍点に注意して、次の文を短文に分けてみよう。

冬の剪定は不要な枝を除いて、木の全体に十分に日光があたるように木の形を整えるために行なうのですが、剪定によって病害・虫の発生もおさえられますし、養分の分散も防げるので、春に見事な花を咲かせる意味もあるわけです。

バラは生育につれて根際から元気のよい新しい枝（徒長枝）が出て、古い枝は自然に枯れて役に立たなくなるので、このような役にたたなくなった古い枝を切り捨てる必要もあるわけです。（作例野内）

《冬の剪定は不要な枝を除いて、木の全体に十分に日光があたるように木の形を整えるために行なうのです。剪定によって病害・虫の発生もおさえられます。また養分の分散も防げます。ですから春に立派な花を期待する意味もあるわけです。

バラは生育につれて、根際から元気のよい新しい枝（徒長枝）が出ます。古い枝は自然に枯れて役に立たなくなるのです。（それで、）このような役に立たなくなった古い枝を切り捨てる必要もあるわけです。》

「累卵の危うき」という言葉があるが、幕末から明治にかけての日本の置かれた状況はまさしくその形容にふさわしい。幕末の外国勢力の相次ぐ渡来は行きがかり上たまたまそうなった偶然的な事件ではなく、アジアを舞台に植民地獲得競争にしのぎを削った英米仏露のむきだしの領土的野心のなせる業《わざ》であり、いわば「世界史的必然」として東邦の列島に迫ったのであり、列強の植民地にならないためには日本に残された道はただ一つ、文明開化と富国強兵しかなかったのである。（作例野内）

《「累卵の危うき」という言葉がある。幕末から明治にかけての日本の置かれた状況はまさしくその形容にふさわしい。幕末の外国勢力の相次ぐ渡来は行きがかり上たまたまそうなった偶然的な事件ではない。アジアを舞台に植民地獲得競争にしのぎを削った英米仏露のむきだしの領土的野心のなせる業《わざ》である。それはいわば「世界史的必然」として東邦の列島に迫ったのである。列強の植民地にならないためには日本に残された道はただ一つ、文明開化と富国強兵しかなかったのである。》

長い副詞節は独立させる

「〜するとき」「〜だから」「〜するために」「〜すると」「〜しながら」「〜なのに」「〜ならば」など副詞節が長くなったときはどう処理すればいいのか。「それ」とか「そのような」などの指示語をそえて副詞節を独立させればよろしい。たとえば「……。その時〜」「……。そのような理由で〜」「……。そうした目的で〜」という具合に。

たとえば次の文章をどう処理するか。

人間は自分のアイデンティティをどうやって決定するのだろうか。たとえば幕末までの日本のように、外の文明と切り離されて外国人の存在が稀であり、周囲がみな同じような人間の集まりの場合、人は自分を「日本人」であると意識することはないが、通信や貿易、旅行がさかんになり、文明と文明の交流が盛んになるにつれて、自分たちのアィデンティティを意識せざるをえなくなる。日本と中国が問題になるとき、日本人は相手を中国人と意識し、中国人は相手を日本人と意識するけれども、この同じ二人の人間がアメリカ人を前にしたときには、どうふるまうのだろうか。日本人とか、中国人ではなくて、自分たちをアジア人とくくることになるだろう。人間は自分以外の人（異人）との関係で自分の立ち位置を決めるものなのである。（作例野内）

指示語・接続語を使って次のように書き直せばいい。

《人間は自分のアイデンティティをどうやって決定するのだろうか。たとえば幕末までの日本のように、外の文明と切り離されて外国人の存在が稀であり、周囲がみな同じような人間の集まりの場合がある。その場合、人は自分を「日本人」であると意識することはない。ところが通信や貿易、旅行がさかんになり、文明と文明の交流が盛んになるにつれて、自分たちのアィデンティティを意識せざるをえなくなる。日本と中国が問題になるとき、日本人は相手を中国人と意識し、中国人は相手を日本人と意識する。けれども、この二人の人間がアメリカ人を前にしたときには、どうふるまうのだろうか。日本人とか、中国人ではなくて、自分たちをアジア人とくくることになるだろう。人間は自分以外の人（異人）との関係で自分の立ち位置を決めるものなのである。》

第二文はもう少し工夫すれば、次のような仕立て直しも可能である。「たとえば幕末までの日本は、外の文明と切り離されて外国人の存在が稀であり、周囲がみな同じような人間の集まりである。その場合、……」「たとえば幕末までの日本を考えてみよう。外の文明と切り離されて外国人の存在が稀で、周囲がみな同じような人間の集まりである。その場合、……」

長い形容詞節は難物

形容詞節は英語の関係代名詞節を思い描けばよい。英語の関係代名詞節は後ろにぶら下がるから問題は生じない。ところが日本語の場合は「修飾語＋被修飾語」の語順規則があるので、修飾語（形容詞節）が長くなると、なかなか肝心の「被修飾語」にたどり着かずいらいら感がつのる（「主語の後出し」の時と同じ事態だ）。基本方針は長い修飾語を独立させて一文にすることだ。そして必要な場合は、その文を指示語を使って受け直せばいい。

次の例文を俎上に載せよう。

先進国のなかで唯一のアジア国家であり、また経済的大国でありながら、軍事と外交の領域では小国並みの評価しか受けていない日本は、その特別な立場のゆえに、国際社会にみずからの立ち位置と哲学をきちんと提示しないかぎり、国際社会の信頼されるパートナーとして迎えられることは難しい。（作例野内）

長い形容詞節を独立させ、長文を分割することによって、次のような訂正案が考えられるだろう。

《日本は先進国のなかで唯一のアジア国家であり、また経済的大国でありながら、軍事と外交の領域では小国並みの評価しか受けていない。その特別な立場のゆえに、国際社会にみずからの立ち位置と哲学をきちんと提示しないかぎり、国際社会の信頼されるパートナーとして迎えられることは難しい。》

さらに手直しを加えるとすれば、最初の文中の中止法「であり、」をやめることだろう。

主役を前に

すでに確認したように、日本語の主語はヨーロッパ語のそれのように特権的地位は占めていない。たかだか「主格」を表す「補語」の一つでしかない。だから、必ずしも文頭にもってくる必要はない。そういうわけで「主語の後出し」でも問題が起こらない場合が多い。ただ、文章が長くなってくると事情は変わってくる。

いま取り上げた長い修飾（形容詞節）が主語に係るときもそうだったが、ここで問題にしたいのは「主語―述語」を文頭に引き出したいケースだ。その狙い目は、なにが論点なのかをイの一番に提示することだ。芸術文ではこんな配慮はまったく必要ない。むしろ、気をもたせたほうが芸術的効果が高まることも考えられる。しかし読みやすさ・分かりやすさを第一とする実用文では、読者の心理的負担をなるべく軽くするために、必要に応じてこうした気配りは欠かせない。

ここで注目されるのが前置き・予告の「が、」である。読みやすさを優先して前置き・予告の「が、」で主役（主語―述語）を前に引き出す。実用文では重要な情報（主題）はなるべく早く提示することが大切である。

「主語―述語を文頭に置く」というこの方略はなかなか応用範囲が広い。前置きの「が、」だけでなくいろいろなバリエーションが考えられる。「私はこう主張する。つまり……」「彼は言った。……と。」「私が考えるに……」「新聞が伝えるところによれば……」などなど。この方略は「～は確かだ／当然だ／本当だ」を「確かに／当然のことながら／本当に～だ」という書き換えにも通じるだろう。

⑴ 法律を厳格に適用することが必要だ。→必要なことは法律を厳格に適用することだ。

⑵ 弟さんが危ない橋を渡っていることはほぼ間違いない。→ほぼ間違いなく（ほぼ間違いないことだが）、弟さんは危ない橋を渡っている。

⑶ デフレが国民生活を圧迫し、市場の動きを停滞させていることを最近の世論調査は示している。→最近の世論調査が示しているのは、デフレが国民生活を圧迫し、市場の動きを停滞させていることだ。

⑴⑵⑶程度の文であれば、もちろんこんな書き換えをする必要はない。しかしながら、文がもっ

と込み入ってくれば、その必要性が痛感されるはずだ。

進歩的な文化人が大衆のためをおもんぱかって目の仇にした漢字の持つ表意性が仮名の表音性と相俟って日本語を読み取るスピードを特段に早めていることが、最近の情報科学の研究で知られたことは、はなはだ皮肉である。（作例野内）

この文はまず次のように主題化できる。

《はなはだ皮肉なことは、進歩的な文化人が大衆のためをおもんぱかって目の仇にした漢字の持つ表意性が仮名の表音性と相俟って日本語を読み取るスピードを特段に早めていることが、最近の情報科学の研究で知られたことである。》

この文をさらに主題化すると次のようになる。

《最近の情報科学の研究で知られたことで、はなはだ皮肉なことは、進歩的な文化人が大衆のためをおもんぱかって目の仇にした漢字の持つ表意性が仮名の表音性と相俟って日本語を読み取るスピードを特段に早めていることである。》

第四章

説き方

❖ I ❖ 段落で考える

日本語は文で考える

「話し方」では「人」（聞き手）と「場面」（コンテクスト）に近づく（寄り添う）スタンスが選び取られる。主観化が問題である。「書き方」では「場面」から身を引いて「人」と対峙し、なるべく言語化するスタンスが求められた。脱主観、脱コンテクストである。では、「説き方」ではなにが問題になるのか。「コンテクスト」からも「人」からも身を引くスタンスである。客観化が問題になる。「人」と「コンテクスト」を当てにしないで、論を組み立てる。そのとき、なにが大切になるか。「段落」で考えることである。

日本語は文で考える。短詩型文学の俳句や和歌を思い合わせればよい。日本人は小さいものをよしとする美意識が強い。つまり対象の「部分」にこだわる。「部分」の微妙なふるまいに面白さ・美しさを感じ取る。たとえば俳句は瞬間的なもの、繊細なもの、細かいものをぱっと写し取る。スナップ・ショットである。「古池や」の句も蛙が水に「飛びこんだ」刹那を形象化している。私はそれを「ミクロのスタンス」あるいは「ミクロの視点」と呼ぶ。

日本語では視点が「部分」から「部分」へと移動する。イメージが横並びに写し取られる。日本語の統語構造（構文）が「並列接続」であったことを想い起こそう。対象に密着し、臨場感を伝えるのは得意だが、「全体」への視点が欠落しがちだ。「全体」から「部分」を捉え返すスタンスがない。むしろ「部分」でもって切り上げるのをよしとする美意識さえ感じられる。それをよく示すのが、芭蕉の「言いおおせて何かある」（『去来抄』「先師評」）だ。芭蕉の言葉は「すべてを言い切ってしまったらお終いだ。すべてを言い尽くしてしまったら後になにが残るか、なにも残らないではないか」という意味だ。これは言い切らないことをすすめる美学である。「余情」とか「余韻」とか「余白」が高級であるという伝統が日本文化には脈々と底流している。「以心伝心」とか「不立文字《ふりゅうもんじ》」（文字を使わず）はその極致だ。つまり「部分」でもって「全体」に代えることを求めているのだ。

ところで、ミクロのスタンスで書くということと「文で考える」ということは同じことだ。文の単位で書くと、次の文とのつながりしか考えない。当座の文と次の文のあいだには、確かに関連性がみられる。しかしこのプロセスを繰り返すと、文章の流れがあらぬかたに逸れてゆくおそれがある（この意外性を連歌の「付合《つけあい》」はむしろ楽しむ）。

だが、文章（実用文）は雑然とした集まりであってはならない。きちんと筋が通っている必要がある。すべてを言い尽くさなければならない。推量の余地（余情・余韻）を残すなどとんでもない話だ。芸術文と実用文——この両者を分かつ決定的なポイントは、言い切るか言い切らないかにある。言い切る、言い尽くすにはどうしても「全体」を見わたさなければならない。この要請は「説き方」（説得）ではどういうかたちで現れるか。段落の重視である。文章を「文」の次元で考えるのではなくて「段落」の次元で考えること。つまり大きな発想の転換が求められる。

文章は「段落」で考える。この習慣が日本人にはなかった。その大切さを思わなかった。だから筋の通った文章が書けなかった。ひとえに段落という観念が欠落していたからだ。段落の重要性が意識されていなかったからだ。段落の高みに立てば、おのずと文の流れが見えてくる。全体をにらみながら文を書いていけば、首尾一貫した文章が紡ぎ出されてくる。「説き方」では、マクロ（全体）のスタンスをとることが決定的に重要である。

では、どうしたらマクロの視点に立つことができるのか。まず中心軸をしっかりと固定する。トピック・センテンス（中核文）を決める。中核文は原則としてワン・センテンスだ。「文」のかたちをした見出しと考えればいい。たとえば「愛は金では買えない」。

中核文が決まったら、それを支援するサポーティング・センテンス（補強文）を考える。中核文をさらに詳しく説明する（敷衍《ふえん》）。中核文を具体例で説明する（例示）。視点を転じて類似例・反対例を取り上げる（比較・対照）。強調したかったら中核文を、段落の最後で言い直す（念押し）。大切なことは、中核文と関係のない文は絶対に書かないことだ。段落の話題（論点）は一つに絞る。話題、あるいは視点が変わったら新しい段落を立てる。

以上、駆け足で段落について説明した。段落の重要性がおおよそお分かりいただけただろうか。それでは、段落の問題について具体例を挙げながら、もっと詳しく掘りさげることにしよう。

段落とはなにか

段落は「パラグラフ」の訳語であるが、すでに説明したように日本人はその必要性・重要性をよく認識していなかった。それにひきかえ、欧米の作文教育ではパラグラフの必要性・重要性が生徒の頭にきっちりとたたき込まれる。パラグラフの語源は「脇に書かれたもの」という意味で、文章の切れ目に印をつけたことに由来する。では、なんのために印をつけたのか。文章の「意味の切れ目」、つまり「意味のブロック」をはっきりさせ、文章を読みやすくするためだ。パラグラフのない文章はほんとうに読みづらい（最後に出てくる課題文で確認できる）。

まず注意してほしいのは、ほんらい段落は形式（長さ）とは関係がないということだ。ある程度の長さになったら機械的に段落を作る人がいる。この人は段落の意味がまるで分かっていない。段落はあくまでも「意味の一まとまり」で、「意味のブロック」を形づくる。一つのトピック（話題）でまとめられた文の集まりのことだ。普通は三つから五つくらいの文からなる。実用文では段落のリミットは二〇〇字前後である。

今も言ったように段落と長さはほんらい無関係なのだが、段落はあまり大きくなるとやはり読みづらくなる。「二〇〇字前後」という数字はあくまでも実際的な目安と心得ていただきたい。

段落の中心になる文をトピック・センテンスという。「主題文」と訳すべきなのだろうが、「主題」はいろいろの意味にとれるので、本書ではその機能に着目して「中核文」と呼ぶことにする。中核文は段落を要約し、その基軸となる。原則として一文である（二文になることもあるが、たいていは接続語で一文にまとめることができる）。

中核文は段落を要約する役目だけでなく、段落を先導する役目も果たす。文章の流れのなかでその段落がどういう位置を占めているのかを知らせる。たとえば「いま提起された問題について具体例を挙げて検討することにしよう」とあれば、その段落では「例証」が展開されるのだなということが予想される。文章の流れをはっきりさせるこのタイプの中核文（予告の中核文）を、段落の頭に適当に置くことは望ましいことだ。もっとも、「予告の中核文」を独立させて、一文一段落の「強調の段落」にする手もあるが。

中核文を段落の頭にもってくる、そして必要ならば末尾で念押しをする――このテクニックの効果は心理学の実験によっても裏付けられている。質問リストの最初と最後の項目が、飛び抜けて記憶率が高いことが実証されているのだ。この効果を使わない手はないだろう。

中核文以外はすべてサポーティング・センテンス（補強文）である。補強文は中核文を側面から援助する。あくまでも内容の上で中核文と結びついていなければならない。言い換えれば「一つの段落に、一つの話題《トピック》」だ。話題が変わったときに、あるいは同じ話題でも視点が変わったときに段落を新しくする。

段落の組み立て方

今も説明したように、段落は中核文と補強文からなるが、基本方針は中核文を段落の頭に置く。つまり結論（主張）をあらかじめ提示する。段落の構成は後ほど見るように別のタイプもあるが、まずはバカの一つ覚えのように「中核文を段落の頭に」を実行してほしい。

「結論の先出し」というこのスタイルは、話の落としどころがあらかじめ分かるので、読み手に無用な負担をかけない親切な書き方である。古典レトリックでいうところの「イン・メディアス・レス」（核心から）だ。文章構成法にはかの有名な「起承転結」がある。この書き方は実用文ではお勧めできない（その理由については後述）。

中核文は段落の見出しと考えればよろしい。段落の結論（主張）をずばり書く。あとは補強文で中核文を支援する。具体的には補強文は次のような役割を果たす。

(1) 理由をあげる（根拠・証明）

(2) 敷衍する（説明・定義・仮定）

(3) 具体例を挙げる（挙例）
(4) 確実なデータを挙げる（証拠・引用・権威）
(5) 比較・対照する（類似例・反対例）
(6) コメントする（印象・感想・展望）
(7) 中核文を言い直す（念押し）
(8) 次の段落につなげる、など

補強文は(1)〜(5)の、少なくともどれか一つを果たせばいい。(6)〜(8)については、特に強調したいときに使えばいいだろう。

それでは、どのように段落を展開するかを具体的に説明しよう。

たとえば「話し言葉の特徴」について論じるとする。

まず中核文をしっかりと決める。中核文さえきっちり固定されていれば、文章の「ぶれ」はなくなる。中核文を次のようにする。【日常会話では意外と言葉の出番が少ない。】

次にはたとえば「理由づけ」を考える。【なぜだろうか。コンテクスト（発話場面）がいろいろと手助けしてくれるからだ。】

今度はどのように手助けしてくれるのか、具体例を挙げる。【たとえば話し手の話し方、仕草、話し相手の表情や反応、周囲の状況などがさまざまな情報を発信してくれる。】次にはこの具体例を「確実なデータ」で確証する。【最近の心理学実験のデータによれば、日常会話では非言語的コミュニケーションが六五パーセントも占めているという。】最後に念押しの意味でコメントを加える。【日常会話では言葉の役割はびっくりするほど軽いものなのである。】

右の作例を通しで示すと次のようになる。

日常会話では意外と言葉の出番が少ない。なぜだろうか。コンテクスト（発話場面）がいろいろと手助けしてくれるからだ。たとえば話し手の話し方、仕草、話し相手の表情や反応、周囲の状況などがさまざまな情報を発信してくれる。最近の心理学実験のデータによれば、日常会話では非言語的コミュニケーションが六五パーセントも占めているという。日常会話では言葉の役割はびっくりするほど軽いものなのである。（一九〇字）

ご覧のとおりである。内容の質は保証できないけれども（これは論者の情報・知識・データ次第だ）、いま挙げた補強文の役割を適宜利用すれば、段落（議論）をふくらませることは割と機械的にできる。この「機械的にできる」ということが、大切な点である。

新しい段落を立てるときも、同じ要領に従う。たとえば「比較・対照」ということで、書き言葉に

振ってみる。【それでは書き言葉ではどうだろうか。〔予告の中核文〕】

これは、前の段落の最後に置いてもいい。その場合は「つなぎ」になる。「予告の中核文」、あるいは「つなぎ」は一文一段落（強調の段落）にする方法もある。

「予告の中核文」のあとを受けて「中核文」を出す。【会話に比べて言葉に訴えることが多くなる。〔中核文〕】

具体例につなげてもいいが、今度は「理由づけ」で行くことにしよう。【読者は目の前にいるわけではないので、なにを考え、どう反応するか、まったく知ることができない。だから、どうしても必要な情報は言葉で説明しなければならない。】

ここで具体例。【会話だったら「例のあの話さ」で済んでしまうことでも、きちんと説明する必要が出てくる。たとえば「先般の会議で話題になった部局の統廃合のこと」とか。】

そしてコメント。【文章を書くときに感じる、あのうっとうしさは、この言語化の作業の煩わしさが原因だったのだ。本当に書くことはうざったい。】

段落がふくらみすぎたので、最後に念押しをする。念押しのときは中核文をそのまま繰り返すことも可能だが、芸がないので、少し言い直したほうがいいだろう。【会話に比べて書き言葉では言葉が重要な役割を果たす。】

この作例も通しで掲げる。

それでは書き言葉ではどうだろうか。会話に比べて言葉に訴えることが多くなる。読者は目の前にいるわけではないので、なにを考え、どう反応するか、まったく知ることができない。だから、どうしても必要な情報は言葉で説明しなければならない。会話だったら「例のあの話さ」で済んでしまうことでも、きちんと説明する必要が出てくる。たとえば「先般の会議で話題になった部局の統廃合のこと」とか。文章を書くときに感じる、あのうっとうしさは、この言語化の作業の煩わしさが原因だったのだ。本当に書くことはうざったい。会話に比べて書き言葉では言葉が重要な役割を果たす。

（二六九字）

ご覧のとおり、⑴から⑸の補強文の役割を導きの糸にすると、段落をすんなりとふくらませることができる。段落や論の展開を苦手にしていた人も多いかもしれないが、ツボさえ心得ればさほど難しいことではない。本当に大事なことは論の質（中身）を高めることであるが（これは読者の努力に待つしかない）、議論の展開のコツを飲み込んでもらうために、もっと「まとまりのある」具体例をご披露しよう（話題は一般的なものを選んだので、内容的には少々食い足りないかもしれないが）。

幸福は金では買えない

「幸福は金では買えない」。この中核文を展開しよう。まず、これまで紹介しなかった「敷衍」（定義）を使うことにする。こんなふうに進める。【なぜだろうか。この設問に答える前に、そもそも幸福とはなんだろうかということを考える必要がある。本当に幸福とはいったいなんだろうか。幸福は人それぞれにとっていろいろな形を取りうるが、その基本的要件として「心が満ち足りていること」が挙げられるだろう。それ以上望む必要を感じない状態、つまり現状に満足できることである。】

この「定義」を補強するために「データ」（引用）を引合いに出す。【「分を知り、然《しか》る後《のち》に足《た》るを知る」（佐藤一斎『言志四録』）という有名な言葉がある。自分の分限（身の程）を自覚すれば、過分なことは望まず、ほどほどで満足する。人間の欲望はそれこそきりがない。欲望のままに生きれば身の破滅が待っている。だから自分の分を知り、ほどほどのところで満足することが肝心なのである。】

「定義」「引用」と話が一般論に流れている感じなので、次に「具体例」（挙例）を考えるが、合わせて「比較・対照」も狙うことにしよう。【同じものを前にしても、ある人は幸福と感じるのに、別のある人は不幸と感じることはある。物質的に恵まれているとは必ずしも言えないチベットのブータン王国の人びとは幸福度が高いことで知られている。精神的な安らぎを大切にしているからだろう。それに対してたとえばここに、妻にも子供たちにも愛されていない大富豪がいたとする。彼は金に飽かして形あるものならなんでも手に入れることが可能だ。物質的にはなに不自由ない生活を謳歌できる。だが問題は、人の心を買うことができるだろうかということだ。たとえば、彼は自分を愛してくれる女性を探すかもしれないが、近づいてくるのは彼の「金」目当ての女性ばかりだという可能性は高い。】

この「比較・対照」に対して「コメント」（印象・感想）を加える。【この対照的な例から知られることは、幸福は心の問題であるということだ。幸福をもたらすものは、なにも大げさなものでなくてもよい。ささやかなもので差し支えない。人の優しい気配り。自然のさわやかな感触。ふと耳にしたメロディーの感動。ここで思い出されるのが、モーリス・メーテルリンク作の童話劇『青い鳥』のなかの兄妹、チルチルとミチルである。二人は夢の中で過去や未来の国々に幸福の象徴である青い鳥を探しに行く。だが、見つけられず帰宅すると、その青い鳥は家の鳥籠の中にいたというのである。】

これでお終いにしてもいいのだが、論の展開が少し長くなった印象なので、最後に「念を押す」のも悪くない。【幸福は金で買うことはできない。心で感じるものなのである。】

別バージョンも考えてみよう。

むずかしい問題を考えてみると糸口がつかめることがある。これは、論理学や数学に出てくるいわゆる「背理法」と関係がある。この論証を日常的議論に厳密に適用するのは出来ない相談なので、ゆるく応用する。ある「極端な」仮定を立てて「困った事態」（矛盾）

が出てくることを説けばいいのだ。この場合なら、「幸福は金で買える」と反対の場合を仮定してみることだ。するとどういうことになるだろうか。【たとえば幸福を金で買えると仮定してみよう。豪邸を建てた。善美を尽くした家具調度をそろえた。高価な衣装を身にまとった。高級料理を味わった。豪華船に乗って世界周遊旅行に出かけた。贅沢のレパートリーは挙げればそれこそきりがない。

しかしながら、金で調達できる「幸福」は物質的なものに限られる。この「幸福」は欲望を満たすことはできるだろうが、しかしそれは一時的なものにすぎない。なぜなら物質的欲望は限度を知らないからだ。それが欲望の本質である。欲望は満たされると、さらなる満足を求める。「これで十分だ」（足る）ということを知らないのである。】

この「仮定」を支持するために「権威」を利用する。「名言」を引用することにしよう。【古今東西、欲望をいさめる教えが多いゆえんである。「この世で最も幸せな人は、僅かな物で満足できる人だから、その意味では、幸福にするために無限の富の集積が必要な王侯や野心家は、最もみじめな人たちである。」（ラ・ロシュフーコー）「足ることを知らば貧といえども富と名づくべし、財ありとも欲おおければこれを貧と名づく。」（源信）

人間の欲望はとどまることを知らない。それを追求すれば身の破滅が待っている。だから自分の分を知り、ある程度のところで満足することが大切である。心の安心（幸福）は「知足」と「無欲」からもたらされる。欲望をあおるだけの「お金」では、決して幸福を買うことはできないのである。】

❖Ⅱ❖ 主張には論拠を

論拠には二つのタイプがある

中核文と補強文の役割を具体例に沿って説明しながら、段落の問題を見てきた。段落がどういうものか、イメージを結ぶことができただろうか。要するに、段落とは中核文の主張を、あの手この手を駆使して相手に認めさせる（同意させる）ことなのだ。この「あの手この手」（補強文）の狙いは「論拠」を提示することに尽きる。主張（結論）には必ず論拠を示さなければならない。これが実用文の鉄則である。言い放しは感想文であり、単なる作文である。

ところで、論拠には「法則的なもの」と「経験的なもの」がある。どちらによるかはケース・バイ・ケースだ。実用文で問題になる論拠は科学や学問の場面とは異なり、八〇パーセントぐらいの確実さがあれば十分だ。「法則的なもの」は信頼の置ける「権威」、「経験的なもの」は信憑性のあるデータということになる。それぞれ次のようなものを挙げることができる。

法則的なもの（権威）：

(1) 定義的な命題
(2) 格言、名言、金言、諺
(3) 専門家の意見
(4) 一般に承認された意見、前例、通念、常識、など
経験的なもの（事実）：
(1) アンケート・調査で集めたデータ
(2) 各種のテキスト・資料・文献
(3) 体験・観察で得られた知識
(4) サンプル、など

このような論拠を挙げながら文章（論）を展開していくわけであるが、そのときの指針を次に掲げよう。前に挙げた段落での注意点と重なる点が多い。それは当然のことだ。段落はいわば文章のミニチュアなのだから。「段落で考える」ということが文章術の基本であることが改めて確認できる。

文章（論）を展開するときのチェック・ポイントは次の六点である。

(1) それは何かを詳しく説明する

⑵ それを根拠づける「法則的なもの」（原理・原則）はあるか

⑶ それを例証する「経験的なもの」（理由・原因）はあるか

⑷ それはどういう問題（展望・影響・結果）をもたらすか

⑸ それと似た事例はないか。垂直方向のリサーチ（遠くを／過去をたずねる）／水平方向のリサーチ（近くを／現在をさがす）

⑹ それと反対の事例はないか

演繹法と帰納法

段落を積み上げていけば文章（論）が組み立てられる。段落はいわば「ブロック」である。そのブロックの積み上げ方に大きく分けて二つの方法がある。一つは演繹法、もう一つは帰納法である。

演繹法とは、与えられた確実な前提（法則的なもの）から出発して結論（主張）を引き出すプロセスのことである。そのプロセスは次の三つの段階を踏む。

⑴ 「法則的なもの」（アイデア）を提示する

⑵ ある事実を指定する

(3) その事実が「法則的なもの」（アイデア）に合致するかどうかを判定する

演繹法は「与えられた」前提を出ることは決してない。その前提は普遍的なもの、一般的なものと見なされている。演繹法は一般から特殊（個）に向かう。そして演繹法はなんら「新しいもの」はもたらさない。絞り込むだけである。ここに帰納法との本質的違いがある。

一方、帰納法は特殊（個々の事例）から出発して、一般化に向かう。そのプロセスは次のようになる。

(1) 複数の「経験的なもの」（データ）を集める
(2) データから「共通性」を見つけだす
(3) その共通性から一つの解釈を提案する

演繹法は「法則的なもの」を意外な対象に「適用」する。「新しいもの」は出てこないが、気づかれなかった対象にスポットライトが当てられる。帰納法は「経験的なもの」から「解釈」を導き出す。「与えられたもの」から「新しいもの」へ踏みだす。そこには論理の「飛躍」がみられる。

演繹法と帰納法は論の展開の二つのタイプである。

帰納法は手持ちのいくつかのデータ（事実）をもとにして一つの主張（結論）を導き出す。いわばボトム・アップ方式だ。データがたくさんある場合は帰納法が便利だ。データをして語らせればいい。帰納法の論拠は「経験的なもの」（事実）に求められる。

それに対して演繹法はデータ（事実）ではなくてアイデア（論じ方）で勝負する。トップ・ダウン方式だ。あるアイデアを意外な対象に適用する、その「ひらめき」が売りである。要するにうまい理屈をひねり出すことだ。演繹法は「法則的なもの」（権威）が論拠にすえられるので、どうしても論調が高飛車になる。例を挙げてていねいに説明するのが帰納法、ずばりと言い切るのが演繹法と考えると理解しやすいかもしれない。

「権威」に基づく論証

まず、演繹法から見ていくことにしよう。

古来、論証はいろいろと挙げられているが、なかでもいちばん手軽でしかも効果抜群の論証がある。権威―論証（権威による論証）である。ここで言う「権威」は広く解していただきたい。立派な人物だとか、偉い人だとか、専門家の書いたものは説得力がある。誰が話すかによって説得力は大きく変わる。「人」は論証の一部だ。人が権威に弱いことは驚くばかりである。「権威による論証」は文章術では「引用」というかたちを取る。

その道の権威の意見を引合いに出せば、自分でわざわざ説明したり証明したりする手間を省くことができる。引用は論証や証明の代わりになる。科学のような厳密な専門分野でも、しばしば利用される。学問が細分化＝専門化した現在では、いちいち証明したり説明することが煩瑣なだけでなく、専門的すぎてその効果も疑わしい場合が多い。したがって現代科学では場合によっては——たとえば専門家以外を対照とする場合には——必要不可欠な論証である。「ケインズの理論によれば……」「相対性理論によれば……」というように引用すれば、くだくだしい論証や証明はなくて済ませる（が、素人を煙に向く詭弁にもなる）。

引用はいってみれば「虎の威を借りる」ことで、引合いに出されるものは権威のあるものほど霊験あらたかである。問題の権威はそれこそ千差万別だ。特定の個人の発言や文章ばかりでなく、格言や諺などのような匿名の場合もある。学説、通説、教典といった非人格的なものもある。

それでは権威―論証を実際に使ってみよう。自分が展開したい主張を代弁してくれる文章を引用して論を展開する。あるいは、名言や格言や諺を引合いに出す。たとえば次の見本はどうだろうか（比較・対照のテクニックも援用した）。

「非は常に他人にあって、みじんも自分になければ、経験が経験にならない」——これは二〇〇二年に物故した、辛口のエッセーで知られた山本夏彦の言葉である。

最近の、子供から大人までの「身勝手な」事件に接するたびに私はこの言葉を思い出す。いつから日本人は自分の権利ばかりを主張し、自らを省みなくなったのだろうか。人間は誰しも失敗する。失敗しない人間はいない。だから重要なのは、「失敗しない」ことではなく、「失敗に学ぶ」ことである。「盗人《ぬすっと》にも三分の理」で、世のなかのことはどうにでも理屈はつく。だから他人に責任を転嫁するのは楽だ。楽だけれども、それでは自分が大きくならない。自分が成長しない。いつまでもだだっ子のままである。「失敗は成功のもと（母）」「若い時の苦労は買《こ》うてもせよ」諺は失敗や苦労の大切さを説く。確かに失敗や苦労は心の糧（経験）となる。ただし、そのためには大事な条件がある。自分のあやまちを認める率直さと謙虚さである。

昔の大学生にあって今の大学生にないものといえば、「無知を恥じる心」である。昔の大学生は教師（あるいは友人）の話題にしたことを知らなかったり、挙げられた本を読んでいなかったりすると自分の勉強不足（無知）に恥ずかしくなり、すぐに調べたり読んだりしたものだ。しかし今時の学生はそんな殊勝な素振りはいっこうに見せない。知らなくてなにが悪いといわぬばかりの厚顔ぶり、あるいは開き直りである。

大学生として当然わきまえておくべき教養なり知識が欠けていることは、とても恥ずかしいことだ。昨今の学生に言わせれば教えてくれない学校（教師）が悪いのだということになるのだろう。しかしながら、いろいろな制約（たとえば時間数）があって、学校の授業で教えられることは限界がある。

学生自身がみずから学ばなければならないことのほうが、むしろ多いのである。

自分の非を認めない人間は成長できない。おのれの無知（非）を素直に認める率直さと謙虚さは大切だ。これはなにも学生（若者）に限った話ではない。教師（大人）たちもわが身を振り返り、大いに自戒しなければならないことである。

「法則的なもの」による論証

今度は、「法則的なもの」による論証を考えてみよう。たとえば《認識とは絞り込みであり、不要な情報を捨てることである》という主張を展開してみる。

【I】情報はたくさんあればいいというものではない。認識とは絞り込みであり、不要な情報を捨てることだ。自分にとって必要なものだけを選択し、そのほかのものは敢えて無視するということである。

【II】聖徳太子は八人の話を同時に聞くことができたというが、これはおそらく伝説だろう。人間は二人ぐらいなら同時に話していても聞き分けられるが、三人以上になると聞き取りが困難になる。ところがパーティなどの席で、複数の人が三々五々に話していても、自分に関心のある話ならその部分だけを聴き分けることができる。これは特定の方向の音源だけを選別して聴取できる現象で、「カクテルパーティ現象」と呼ばれている。

【Ⅲ】　これと反対の例がテープレコーダーの場合だ。方言のフィールドワークでテープレコーダーを持参で調査に出かける。波の荒い海岸でインフォーマント（情報提供者）の漁師の会話を録音する。貴重なデータが採集できたと喜び勇んで宿に戻って再生してみると、波の音が邪魔になって肝心のインフォーマントの音声が全然聞き分けられない。これはテープレコーダーがすべての音波に対して満遍なく公平に反応したからだ。過剰な情報は認識活動を阻害する。

【Ⅳ】　余分な情報を捨てることがどんなに大切か、いや生命維持にも関わるということを示すのはカエルの視神経組織の働きである。カエルは自分の生存にとって必要不可欠なものにしか反応しない。蚊（食物＝さっと動く小さいもの）であるとか、池（生活場＝湿った拡がり）であるとか、蛇（天敵＝長いもの）であるとか、そういうものをすばやく的確に識別することができるように視神経が組織されている。この種の情報が察知されないかぎり、カエルは行動を起こさない。じっと動かないことが得策なのだ。余分な情報はカエルの行動（反応）を遅らせるだけだ。その遅れはカエルにとって生死を左右する。いわば情報を極限まで切り詰めることによって、カエルは行動の迅速性を最高度に高めている。微力な小動物の生き残りに賭けた一大戦略といえるだろう。

【Ⅴ】　もちろん、カエルと人間では知覚のありようは大いに違うが、認識の根本的原理は同じだ。たとえば人間の感覚器官は外界のすべての刺激に反応できるわけではない。光や音波に対して人間の感覚器官はある範囲内のものにしか反応できない。嗅覚も犬に比べてひどく劣る。人間の生存にとって不用な刺激にすべて反応していたら大変なことになる。同様に、もしすべての情報を無差別に受け入れていたら人間の脳はパンクして、判断停止状態になってしまうだろう。認識活動のポイントは情報を絞り込むことである。その絞り込みの巧拙に認識活動のすべてがかかっている。

【Ⅵ】　認識とは単純化の別名である。

まず議論の見通しをよくするために、主張（結論）を【Ⅰ】で提示している。とにかく文章の頭で手の内を明かすことは大切だ。読者も落としどころが分かるので安心できる。

【Ⅱ】では主張を支持する事例を挙げている。【Ⅲ】では反対の事例を挙げて主張をさらに補強する。議論を展開するとき比較・対照することは、主張を浮き彫りにする効果がある。物事は比較することによって、その本質がくっきりと照らし出される。

【Ⅳ】は情報の絞り込みがいかに切実な問題をはらんでいるかを極限的なカエルの事例で確認する。

内容的には【Ⅱ】と【Ⅳ】はかぶさるが、インパクトの強い事例で論を強化している。初めにおとなしい話題を取り上げ、あとで強力な話題を突きつける。論拠は多いほうがいい（ただ、あまり多すぎると冗長・散漫になって逆効果）。論拠の適切な積み重ねは「議論の厚み」と呼ばれ、論証の大切なテクニックである。

【Ⅴ】ではこれまでの議論を踏まえて人間の認識活動に話を落とし込んで、主張をまとめている。【Ⅵ】はいわゆる一文一段落の「強調の段落」で、主張を言い換えて「念を押し」ている。

ご覧のとおりこの文章はすでに紹介した段落・論の組み立て方の定石をそのまま実行している。前に挙げた段落展開のチェック・ポイントを改めて確認してほしい。

演繹法は話題と話題の間に論理的つながりがあり、前の話題（論点）を受けながら、言い換えれば、前の話題をコメントしながら論が運ばれていく。一本の太い線（ロジック・ライン）が通っている。

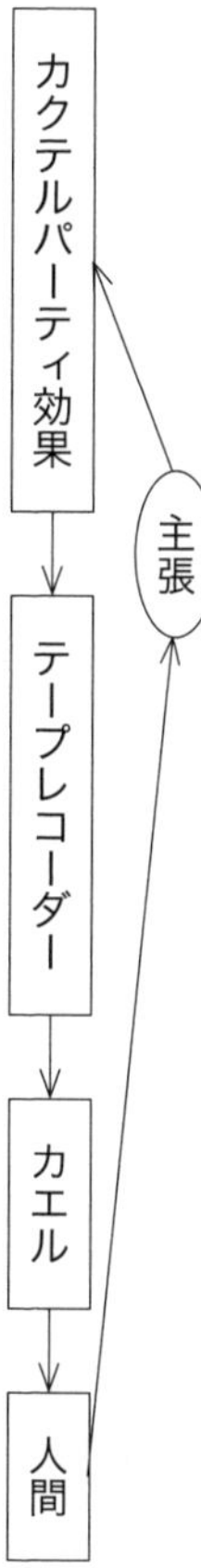

帰納法さまざま

それでは今度は帰納法を見ていくことにしよう。

まずは、帰納法という本来の名に恥じない典型的な例を挙げよう。

ナポレオンはドレスデンにおいて一二万の軍隊をもって二二万の敵に当ったのであって、敵の優位は二倍に満たない。コランにおいてフリードリッヒ大王は三万の軍隊をもって五万のオーストリア軍に敗れたし、ナポレオンも必死のライプチッヒ戦において一六万の兵力をもって二八万の兵力に敗れている。これらの場合にも敵の優位は二倍に満たないのである。

以上のことから、今日のヨーロッパでは、二倍の兵力をもつ敵に対して勝利を得るのはどんな才能のある最高司令官にも極めて難しいことがわかる。二倍の兵力がどんなに偉大な最高司令官にも匹敵し得るのを見れば、普通の場合には、大小の戦闘を問わず、他の状況がどんなに不利であっても、勝利を得るには著しい優位、それも二倍を超える必要のない著しい優位で十分であることは疑いを容れない。（クラウゼヴィッツ著／清水多吉訳『戦争論』中央公論新社）

三つの典型的な実例から結論（主張）を引き出している。文例は「教科書的な」帰納法である。

もう少し手の込んだ帰納法を次に紹介しよう。

先ほど「権威による論証」を問題にしたが、あえて「権威」に楯突くというかたちで自説を主張している。演繹法を帰納法で論駁するというパターンである。読者を驚かせてツカミを取る。これはこれとして効果的な戦術である。芥川龍之介の次のエッセーはその戦術に訴えている。

「クレオパトラの鼻が曲っていたとすれば、世界の歴史はそのために一変していたかも知れないとは名高いパスカルの警句である。しかし恋人と云うものは滅多に実相を見るものではない。いや、我我の自己欺瞞は一たび恋愛に陥ったが最後、最も完全に行われるのである。

アントニイもそう云う例に洩れず、クレオパトラの鼻が曲っていたとすれば、努めてそれを見まいとしたであろう。また見ずにはいられない場合もその短所を補うべき何か他の長所を探したであろう。何か他の長所と云えば、天下に我我の恋人ぐらい、無数の長所を具えた女性は一人《ひとり》もいないのに相違ない。アントニイもきっと我我同様、クレオパトラの眼とか唇とかに、あり余る償いを見出したであろう。その上また例の「彼女の心」！　実際我我の愛する女性は古往今来《こおうこんらい》飽き飽きするほど、素ばらしい心の持ち主である。のみならず彼女の服装とか、あるいは彼女の財産とか、あるいはまた彼女の社会的地位とか、――それらも長所にならないことはない。更に甚しい場合を挙げれば、以前或名士に愛されたと云う事実乃至《ないし》風評さえ、長所の一つに数えられるのである。しかもあのクレオパトラは豪奢と神秘とに充ち満ちたエジプトの最後の女王ではないか？　香《こう》の煙の立ち昇る中に、冠の珠玉でも光らせながら、蓮の花か何か弄んでいれば、多少の鼻の曲りなどは何人《なんぴと》の眼にも触れなかったであろう。況《いわん》やアントニイの眼をやである。

こう云う我我の自己欺瞞はひとり恋愛に限ったことではない。我我は多少の相違さえ除けば、大抵《たいてい》我我の欲するままに、いろいろ実相を塗り変えている。たとえば歯科医の看板にしても、それが我我の眼にはいるのは看板の存在そのものよりも、看板のあることを欲する心、——牽《ひ》いては我我の歯痛ではないか？ 勿論我我の歯痛などは世界の歴史には没交渉であろう。しかしこう云う自己欺瞞は民心を知りたがる政治家にも、敵状を知りたがる軍人にも、あるいはまた財況を知りたがる実業家にも同じようにきっと起るのである。わたしはこれを修正すべき理智の存在を否《いな》みはしない。同時に又百般の人事を統《す》べる「偶然」の存在も認めるものである。が、あらゆる熱情は理性の存在を忘れ易い。「偶然」は云わば神意である。すると我我の自己欺瞞は世界の歴史を左右すべき、最も永久な力かも知れない。

つまり二千余年の歴史は眇《びょう》たる一クレオパトラの鼻の如何《いかん》に依ったのではない。むしろ地上に遍満した我我の愚昧に依ったのである。哂《わら》うべき、——しかし壮厳な我我の愚昧に依ったのである。」（芥川龍之介「鼻」『侏儒の言葉』）

人間の自己欺瞞、ひいては愚昧さを完膚無きまでに諷した文章である。芥川の鋭利な知性の刃が人間の愚かさを腑分けしている。これでもかこれでもかと繰り出される挙例の数々。第二段落の、「恋愛における自己欺瞞」の挙例はよく見ると、弱いものから強いものへと並べられている。レトリックでいう漸層法だ。第三段落では、自己欺瞞は恋愛から人事百般にまで拡大されている。最後に、自己欺瞞が世界の歴史を動かしてきたのではないかという大胆な主張が披露されることになる。

この文章の展開は次のように図示できる。

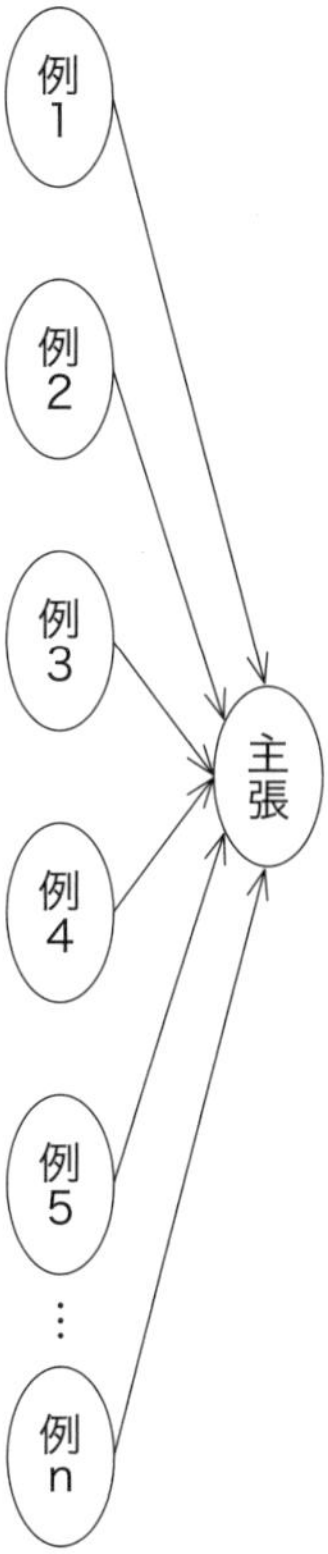

すべての例（根拠）を踏まえて、最後の段落の「つまり」以下で主張（結論）が示されている。まず恋愛の話題で読者をつかみ、しだいに世界の歴史の真相に肉薄する。芥川の段落の構成は見事である。根拠として例を挙げながらいつの間にか大胆な仮説にいざなう。例と例の間には論理的関係があるわけではない。そこにあるのは類似性だ。「似た例」が次から次へとくり出される。集められたデータから、最後に大胆な仮説が引き出される。見事な論証の組み立てである。帰納法の論理の飛躍、飛躍の論理をよく示す文章である。

「起承転結」は実用文向きではない

前項で帰納法の例を二つ検討した。どちらも文章の組み立てがしっかりしていて論理の筋が通っていた。確かに帰納法は推論のプロセスをそのままたどっているので書きやすい。日本人はこの「結論後出し」の文章を好む傾向がみられる。論理的に書きなさいと指示するとほとんどの学生が「帰納法」的な文章を書いてくる。学生だけではない。文章のプロもやはりそうである。ああでもないこうでもないと話を振ってから、最後に主張（結論）を持ち出してくる。さすがに学生とは違ってさりげなく気の利いた幕引きをする。そう、文章の最後で「落とす」のだ。いわゆる名文家の腕の見せどころである。「結論後出し」の書き方はエッセー（芸術文）には向いているかもしれないが、実用文ではあまりお勧めできない。

ところで、帰納法の変形バージョンに「起承転結」がある。これはもともと漢詩（特に絶句）の構成法に由来する技法である。「起承転結」は文章指南書でしばしば取り上げられ、推奨されてきた。だが、本当に効果的な書き方なのだろうか。大いに疑問である。

起承転結の説明には頼山陽の作といわれている次の俗謡がよく引き合いに出される。

大坂本町糸屋の娘（起）

姉は十七妹は十五（承）
諸国大名は弓矢で殺す（転）
糸屋の娘は目で殺す（結）

まず、なにが話題であるかが「起」で提示される。「糸屋の娘」が話題である。次に、「承」でその糸屋の娘について情報が追加されて話が展開する。「転」ではそれまでの話の流れをいったん断ち切り、話が意外な方向に振られる。話題の転換である。まったく異質な「諸国大名」の話題が持ち出される。「結」では「承」と「転」の話題をつなぐ共通点を暗示して全体を結ぶ。ちなみに、「目で殺す」は比喩で「ウィンクで男性を魅了する」こと。今ではあまり使われないが「悩殺する」の意である。

起承転結の鍵は「転」にある。いかにうまく話題を大きく振るかだ。起承転結は四段構成でなければならないということはない。「起承転」は前提（論拠）であり、「結」は結論（主張）である。前提はなにもこの順序である必要もないし、三つである必要もない。たとえば「転」を頭にもってきてもいいし、「美人で評判」という前提を追加することもできる。ただ、そんなことをすれば、味わいがなくなり、「野暮になる」というだけの話である。

「承」「転」「結」のつながりは付かず離れずのあうんの呼吸が要求される。あまり付きすぎると平凡になり、余韻（感動）が乏しくなる。かといってあまり離れすぎれば、わかりにくくなってしまう。

要するに「飛躍」と「連想」が売りの文章は、起承転結だと見なして差し支えない。「結」は落語やジョークでいえば「落ち」である。

ご覧のとおり、起承転結の四部構成法の狙いは、いかにしたら読者に多くの「感動」を与えられるかということにある。なるほど、起承転結は芸術文（エッセーやコラム）には向いているかもしれないが、実用文では絶対に真似してはいけない。実用文では話題を「転じる」ことは禁物である。「転」ではなく「展」である。話を「展開する」（深める）ことが問題だ。話をさらに掘り下げなければならない。転じるなんて飛んでもない話。しかしながら日本では、この種の文章が名文としてもてはやされる。困ったことである。

そのお手本をこれから見ていこう。取り上げる文章は寺田寅彦の随筆（全篇）である。とてもいい文章である。

「最新の巨大な汽船の客室にはその設備に装飾にあらゆる善美を尽くしたものがあるらしい。外国の絵入り雑誌などによくそれの三色写真などがある。そういう写真をよくよく見ていると、美しいには実に美しいが、何かしら一つ肝心なものが欠けているような気がする。それが欠けているためにこの美しい部屋が自分をいっこうに引きつけないばかりか、なんとなく憂鬱に思われてしかたがない。何が欠けているかと思ってよく考えてみると、「窓」というものが一つもない。

窓のない部屋はどんなに美しくてもそれは死刑囚の独房のような気がする。こういう室に一日を過ごすのは想像しただけでも窒息しそうな気がする。これに比べたら、たとえどんなあばら家でも、大空が見え、広野が見える室のほうが少なくも自由に呼吸する事だけはできるような気がする。汽船でも汽車でも飛行機でも、一度乗ったが最後途中でおりたくなっても自分の自由にはおりられない。この意味ではこれらは皆一種の囚獄（牢獄）である。しかし窓から外界が見える限り外の世界と自分との関係だけはだいたいにわかる、もしくはわかったつもりでいられる。これに反して窓のない部屋にいるときには外界と自分とのつながりはただ記憶というたよりない連鎖だけである。しかし外界は不定である。一夜寝て起きたときは、もうその室が自分を封じ込んだまま世界のいずこの果てまで行っているか、それを自分の能力で判断する手段は一つもないのである。

こんなことを考えてみてもやっぱり「心の窓」はいつでもできるだけ数をたくさんに、そうしてできるだけ広く明けておきたいものだと思う。」（寺田寅彦「破片（七）」）

この文章はいわゆる「帰納」論証である。いくつかの例から触発されて一つの結論を引き出す。いくつかの事例で窓がないとなにかと不都合であると判断した。そこから一つの主張が浮かんだわけである。

はじめは窓のない乗り物が話題になったが、しだいに「窓のない部屋」に焦点が絞り込まれる。「窓のない部屋」にいると人間は正確な判断ができなくなる。「心の窓」は心を部屋に見立てた比喩（メタファー）を踏まえている。心は部屋である。心としての部屋の、その窓ということだ。繰り返すが、とてもいい文章である。最後の「心の窓」という比喩がじつに気が利いている。

だが、問題はこの「達者な」比喩なのだ。「詩的」比喩というほど斬新でもないし、さりとて「死んだ」比喩とも言い切れない。やはり喩えの説明（種明かし）がほしいところだろう。

比喩の問題もさることながら、というよりか、この文章でいちばん気になるのは「結論の後出し」である。文章の落としどころをはじめに提示したほうがいらいら感がなくなくなる。実用文は主題（論点）をなるべく早く示したほうがすっきりする。「「心の窓」はいつでもできるだけ数をたくさんに、そうしてできるだけ広く明けておきたいものだと思う」という文をエッセーの冒頭に移動する。そうすれば話の展開が見やすくなるし、また、唐突に提出された比喩の説明にもなる。そして必要なら最後でもう一度主張（結論）を言い直す。実用文では、大切なことは遠慮せず何度でも繰り返して構わない。

目指すは「起承転結」ではなくて「起承展結」、いや「結展展展」だ。論拠を「展開」して「議論の厚み」を増すことこそが大切なのである。

要約は縮約ではない

「結論（中核文）を文章（段落）の頭に」「主張（結論）には論拠（補強文）を」――実用文の論の組み立てはこの二つのモットーに尽きる。そして、文章の展開（論の構成）のセンスを磨くには要約力を強化することがなによりも必要だ。要約するには文章の骨組みをしっかりと把握することが求められるからだ。文章の骨組みをしっかり把握できるようになれば、しめたもの、そのノウハウを自分の文章に適用すればいい。要約力は文章を読み取るためにも、また、文章を組み立てるためにも必須の能力である。

しかしながら残念なことに、要約については誤解が見受けられるようだ。要約はもとの文章をただ短くすればよいというものではない。大切なもの（本筋）とそうでないもの（脇筋）をきっちりと取捨選択することだ。枝葉を刈り込んで、幹（骨組み）を残すことである。

ところで、文章には内容から見て二つのタイプ、「報告・説明する」文章と「説得・論証する」文章がある。文章のタイプに応じて、要約には二つの方法がある。

まず「説得・論証」型の文章の場合。このタイプの文章は主張があり、読み手に同意を求めるもので、論文や論述文、企画書などがこれに当たる。要約文には主張（結論）と主要論拠が必ず含まれていなければならない。

要約文に残すのは、中核文（主張）と主要補強文である。落とすのは、主要補強文をバックアップする補足説明文（重要度の低い補強文）である。補足説明文は具体例や、引用、データ、エピソード、体験、談話、背景説明などからなる。「たとえば～」ではじまる部分や、具体的に事物を描写・説明する部分はカットする。

中核文、キーワード、重要な補強文をピックアップして――傍線や下線を引いて――要約文に生かすことを考える。そのまま使ってもよいが、必要に応じて抽象度の高い表現や、適切で簡潔な表現に改めるようにする。

もう一つの要約法は「報告・説明」型の場合である。

このタイプの文章は伝達内容（情報）を的確に相手に届けることを目的としていて、エッセーやコラム、読み物、報告書などが該当する。全体の流れをにらみながら、重要度を考量し、情報を取捨選択して圧縮すればよい。

どちらのタイプにせよ、要約者の意見、解釈、感想を断じてまじえてはならない。要約文だけ読んで、元の文章の内容がきちんと伝わるものでなければならない。

長い文章の要約文を作るのは難しい。だが、対処法はある。

［1］　まず段落に分ける。段落分けがすでになされている場合は段落の統合・分割の可能性も考える。

［2］　各段落をワン・センテンスで要約する。段落は必ずワン・センテンスで要約できる。もし出来なければ、その段落は論点が二つ以上含まれているはずであるから段落の分割を考える。
［3］　出そろった要約文（部分）を一つ（全体）にまとめる。

要するに、部分を一つ一つ押さえながら全体を攻略するのだ。
それではさっそく、次の手順で実際に要約を作ってみよう。

⑴　次の文章を四つの段落に分ける
⑵　各段落をワンセンテンスで要約する
⑶　全文の要約を二〇〇字（句読点込み）でまとめる

ヨーロッパ文化を本当に理解するためにはギリシア・ラテン（古典）とキリスト教を知る必要があるとはよく言われることだ。なるほどそれを裏づけるかのようにこの二つについてはこれまで懇切丁寧な紹介がされてきた。もちろん、こうした動きに異を唱えるつもりは毛頭ない。ただ、なにか一つ忘れてはいませんかと申し上げたいのだ。レトリックである。私にいわせれば（大胆に単純化すると）、ヨーロッパ文化の基底には「対決」のスタンスがある。その「対決」は神対人間（宗教＝契約）、人間対自然（科学＝合理主義）、人間対人間（個人主義）という形であらわれる。この緊張したスタンスこそがヨーロッパ文化を導いてきたのだ。ところが、この三番目の「対決」に深く関わるレトリックについては、残念ながら応分の応接がなされてきたとは言いかねる。なぜだろうか。日本人にはあまりピンとこないかもしれないが、レトリックはヨーロッパ人にとって生きてゆく上で大切な技術なのだ。海に囲まれ、比較的同質的な人間の集まりである日本と違って、ヨーロッパは民族や言語や文化を異にする多くの国々が狭い地域にひしめき合っている。他人はなにを考えているのか分からない。自分と違った考え方をしているのかもしれない。他人は「異人」である。だから自分の考え方を相手にきちんと説明して相手から理解してもらう必要がある。レトリック（説得術）が求められるわけである。明治以来、日本は欧米からさまざまな文物を貪欲に取り入れ、自分の糧としてきた。だが「和をもって貴しとなす」という言葉がよく示しているように、「個」よりも「集団」の論理を優先する日本的風土ではだれもが「同じこと」を考えるようになる（あるいはそのように強いられる）。出る杭は打たれる。自由民権運動と雄弁術が結びついた短い「政治の季節」をのぞけば、こうした風土ではレトリックの出る幕はなかったと言える。ところが、である。日本人も最近ようやく「説得」の必要性を感じはじめたらしい。昨今、日本を取り巻く状況は大きく変わりつつある。私たちの身の回りを見渡しても、国際情勢に目を転じても「国際化」「個性化」の波はひたひたと押し寄せている。個人から国家のレベルまで誰もが自己を主張する（必要を感じている）。それだけでなく相手に対して自己の立場をしっかりと説明することも求められている。従来のメディアにインターネットも加わり、今では誰もが自由に、手軽に自己を表現できる。会ったこともない人たちとも情報を交換する。相手に対して自己の立場をはっきりと主張することが求められる。「説得すること」の意味がこれまでになく重要性を増してきたのだ。日本も日本人も変わりつつある、あるいは変わらなければならないということだろう。説得力が求められる現代社会を生き抜くにはレトリックは不可欠のアイテムである。(作例野内)

次のところで段落を起こせばいい。

九行目《日本人にはあまりピンとこないかもしれないが……》

一四行目《明治以来、日本は欧米からさまざまな文物を貪欲に取り入れ……》

一九行目《ところが、である……》

段落の要約文はたとえば——

① 日本にはほとんど紹介されなかったが、レトリックはヨーロッパ文化の重要な柱である。

② 異質な人間が雑居するヨーロッパでは、人を説得する必要があり、レトリックが強く求められた。

③ それにひきかえ、比較的等質的な人間の集まりである日本では、これまではレトリック(説得術)の出る幕はなかった。

④　ところが、国際化やインターネットの普及で日本人も自己を主張する必要性を痛感するようになり、レトリックへの関心が高まってきた。

問題文の要旨はたとえば――

《レトリックはヨーロッパ文化の重要な柱である。なぜなら、異質な人間が雑居するヨーロッパでは、人を説得することが必須の手段であるからだ。それにひきかえ、比較的等質的な人間の集まりである日本では、これまでは人を説得する必要性は余り求められなかった。しかしながら、国際化やインターネットの普及で、日本人も自己を主張する必要性をようやく痛感するようになり、レトリックの大切さを認識するようになってきた。》（一九六字）

段落の作り方に習熟すること、要約力を高めること――この二つの課題に地道に取り組むことが、説得力のある論を展開する道に通じる。

【著者紹介】
野内　良三（のうち　りょうぞう）
一九四四年東京に生まれる。東京教育大学文学部仏文科卒。同大学院文学研究科博士課程中退。静岡女子大学助教授、高知大学教授、関西外国語大学教授を歴任。専門はフランス文学・レトリック。主な著書に『実践ロジカル・シンキング入門』（大修館書店、二〇〇三年）、『日本語修辞辞典』（国書刊行会、二〇〇五年）、『ジョーク力養成講座』（大修館書店、二〇〇六年）、『レトリックのすすめ』（大修館書店、二〇〇七年）、『発想のための論理思考術』（ＮＨＫブックス、二〇一〇年）、『「偶然」から読み解く日本文化』（大修館書店、二〇一〇年）、『日本語作文術』（中公新書、二〇一〇年）、『伝える！作文の練習問題』（ＮＨＫブックス、二〇一一年）、『日本語文例集』（国書刊行会、二〇一三年）などがある。

「大人《おとな》の日本語《にほんご》」養成講座《ようせいこうざ》　NDC811 / xii, 204p / 19cm

初版第一刷――二〇一四年八月二〇日

著者――野内良三《のうちりょうぞう》
発行者――鈴木一行
発行所――株式会社　大修館書店
〒一一三-八五四一　東京都文京区湯島二-一-一
電話　03-3868-2651（販売部）
　　　03-3868-2294（編集部）
振替　00190-7-40504
[出版情報]　http://www.taishukan.co.jp

装丁・イラスト――中村友和（ＲＯＶＡＲＩＳ）
印刷所――広研印刷
製本所――司製本

ISBN978-4-469-21348-5　Printed in Japan